Tierbabys

Derek Hall

Tierbabys

Kleine Wunder
der Natur

tosa

Der Autor DEREK HALL studierte Biologie an der London University. Seit seinen Kindertagen fasziniert ihn alles Lebendige. Der Naturwissenschaftler hat mehr als 25 Bücher darüber für Kinder und Erwachsene geschrieben.

EINLEITUNG

Immer schon haben Menschen Tierbabys anziehend gefunden, denn die meisten Jungtiere sind hübscher, rundlicher und hilfloser als ihre Eltern und wecken so unseren Beschützerinstinkt. Sogar Tiere, die als ausgewachsene Exemplare gefährlich für uns wären, erscheinen uns als Babys als gefahrlos, als nicht bedrohlich. Daher ist es auch kein Wunder, dass junge Tiere so oft in Bilderbüchern und auf Kalendern vorkommen und die Herzen der Menschen in realen und Zeichentrickfilmen berühren. Hier erfahren Sie nicht nur, was an diesen kleinen Wesen so niedlich ist, sondern auch, wie sie, als ausgewachsene Tiere, selbst Junge bekommen und diese in einer der verletzlichsten und bedeutsamsten Phasen ihres jungen Lebens umsorgen.

Alle Lebewesen müssen sich reproduzieren, um den Bestand ihrer Art zu sichern. Bei einfachen Organismen kann das darin bestehen, dass sie sich selbst ein- oder mehrmals teilen und aus den Teilen dann neue Individuen entstehen. Im Gegensatz dazu investieren höhere Lebewesen wie Menschenaffen oder natürlich auch der Mensch selbst viele Jahre, um ihren Nachwuchs auszutragen, aufzuziehen und zu beschützen. Einige Tiere, wie Elefanten und Wale, bringen bei jeder Paarung nur ein einziges Junges zur Welt und paaren sich dann oft mehrere Jahre lang nicht mehr, wodurch der Schutz für den so kostbaren

RECHTS: Eine Panda-Mutter mit Baby.

GEGENÜBER: Eine Kaiserpinguin-Familie mit ihrem Küken.

6

Nachkömmling noch wichtiger wird. Bei anderen Tierarten, vor allem bei Fischen und vielen niederen Spezies, besteht die Fortpflanzung einfach nur darin, Tausende oder sogar Millionen Eier zu produzieren und sie im Wasser zu verteilen. Viele, vielleicht sogar die meisten Eier werden von anderen Tieren gefressen, doch es werden genügend Eier übrig bleiben, aus denen in ausreichender Zahl Junge schlüpfen, die den Fortbestand der Art sichern. Doch selbst dann sind die Chancen auf ein Überleben ohne jeglichen elterlichen Schutz äußerst dürftig und viele werden Räubern zum Opfern fallen. Doch abermals werden genügend Jungtiere entkommen, die heranwachsen, sich schließlich selbst paaren und damit den gefahrvollen, aber faszinierenden Kreislauf von Neuem beginnen.

AUSBREITUNG

Der Fortpflanzungsprozess ist untrennbar mit Ausbreitung verbunden. Damit eine Art erfolgreich sein kann, muss sich der Nachwuchs ausbreiten, neue Gebiete bevölkern und neue Reviere besetzen, sonst würde er mit seinen Eltern um dieselben Ressourcen konkurrieren. Für viele Meereslebewesen übernimmt der Ozean ganz einfach die Verbreitung. Viele Fischarten und andere Meerestiere verbringen ihr Larvenstadium im Wasser schwebend als Teil des Planktons – jenem gewaltigen Schwarm kleinster Lebewesen, die, mehr oder weniger der Gnade der Gezeiten überlassen, mit der Strömung treiben und ein unabdingba-

LINKS: Luftaufnahme von umherziehenden Wildtierherden.

GEGENÜBER OBEN: Ein männlicher Fregattvogel mit rotem Kehlsack auf der Balz.

GEGENÜBER UNTEN: Ein Pärchen sibirischer Tiger beim Werben.

Männliche Vögel bringen ihrer »Braut« häufig verlockende Futtergaben, um ihr zu zeigen, dass sie eine zukünftige Familie ernähren können. Immer wieder kommt es auch zu Kämpfen um Rang, Territorien und Partner, bevor ein Männchen die Chance erhält, ein Weibchen zu befruchten.

NESTBAU

Wenn man sich einen Ort vorstellt, an dem man Junge aufziehen kann, fällt einem sofort ein Vogelnest ein, denn Vögel sind die Baumeister im Tierreich. Von einfachen Erdmulden, wie sie Moorhühner und andere Bodennister benützen, bis zu den hoch komplexen Hängenestern der in Kolonien brütenden Webervögel zeigt das Entstehen eines Nests, dass die Brutsaison voll im Gange ist. Viele Vogelnester sind leicht aus-

res Glied der maritimen Nahrungskette bilden. Nach der Planktonphase entwickeln sich die Larven weiter, doch nun sind sie weit von ihrem Geburtsort entfernt. Andere Tiere verlassen den Umkreis ihrer Eltern, wenn sie entwöhnt sind; sie werden von ihren Eltern vertrieben oder folgen ihrem Instinkt, ein eigenes Territorium zu gründen.

EINEN PARTNER UMWERBEN

Bevor es überhaupt zur Geburt und Aufzucht von Jungen kommen kann, müssen Tiere einen Partner finden und sich mit ihm paaren – ein Verhalten, das beinahe so vielfältig ist wie die Tierwelt selbst. Man findet alle Arten von Kombinationen: Manche Tiere bleiben einem einzigen Partner ein Leben lang treu, andere paaren sich nur für die Paarungszeit oder eine einzige Paarung, wieder andere versuchen, sich mit möglichst vielen Partnern zu reproduzieren. Viele Tiere vollziehen davor ausgeklügelte Rituale; das dient nicht nur der Festigung der Paarbindung, das Männchen kann auch zeigen, dass es fit für die Vaterschaft ist.

zumachen, tatsächlich sind die von Saatkrä-
hen und Basstölpeln kaum zu übersehen.
Andere Nester hingegen sind durch Blattwerk oder in hohlen Bäumen gut versteckt.
Entgegen einer weit verbreiteten Überzeu-
gung leben Vögel nicht das ganze Jahr über
in ihren Nestern. Sie benützen sie nur, wenn
sie Eier legen und ihre Jungen aufziehen,
als Orte, wo sie die Jungvögel gut warm
halten, schützen und ernähren können.

*GEGENÜBER: Ein Cabanisweber hängt an
seinem Nest.*

*OBEN: Schwarzbrauenalbatrosse auf den
Falkland-Inseln benützen ihr Nest mehrmals.*

RECHTS: Nest eines Blesshuhns.

Mitglieder der Buntbarsch-Familie, einer bedeutenden Untergruppe der Barschartigen, befestigen ihre Eier in Erdspalten oder Unterwasserhöhlen und nützen diese Orte als vorübergehende Nistplätze.

Die Nestbauer unter den Reptilien sind die Leistenkrokodile und die Spitzkrokodile. Aus Schlamm, Blattwerk und Ästen bauen sie bis zu 1 m große Haufen, die bis zu 3 m Durchmesser haben. Darin begraben sie ihre Eier, und oft legen sie sich darauf, um sie zu bewachen. Wenn die Pflanzen in der heißen Sonne verrotten, entsteht Wärme, die für das Bebrüten der Eier wichtig ist – dieses Phänomen macht sich zum Beispiel auch das Thermometerhuhn in Australien zunutze. Andere Reptiliennester, wie die der Meeresschildkröten, sind einfach nur Mulden, die das Weibchen vor der Eiablage in den Sand gräbt und wo die Eier danach sich selbst überlassen bleiben.

Für einige Säugetiere ist der Nestbau jedoch keine Option. Manche, wie der Elefant, sind einfach zu groß, um in einem Nest versteckt zu werden; andere, wie der Wal, haben einen Lebensraum, in dem Nestbau nicht möglich ist. Trotzdem gibt es viele Säugetiere, die Nester für ihre Jungen bauen; diese reichen von tief im Buschwerk verborgenen, grasbedeckten Flächen im Fall von Waldbewohnern wie den Hirschen, bis zu den speziellen Nistkammern in unterirdischen Tunnelsystemen, wie sie Dachse anlegen.

Elterntiere lassen sich vieles einfallen, um Räuber von ihren Nestern fernzuhalten; sie täuschen etwa eine Verletzung vor, indem sie sich flatternd und hüpfend vom Nest entfernen und versuchen, den Angreifer mitzulocken; wenn sie dann weit genug vom Nest entfernt sind, fliegen sie davon und hoffen, dass der Angreifer bereits vergessen hat, warum er ursprünglich hier war. Zu den Tieren, die den Eingang zum Nistplatz stets verbergen, wenn sie ihn verlas-

Aber nicht nur Vögel errichten Nester. Viele Tiere bauen solche Zufluchten für ihre Jungen, darunter etwa der Stichling, ein kleiner Süßwasserfisch. In der Paarungszeit baut das Männchen aus Seegras ein bogenförmiges Gebilde und lockt dann mehrere Weibchen hinein, die dort ihre Eier ablegen. Nachdem er die Eier befruchtet hat, bewacht der Vater das Gelege, vertreibt entschlossen potenzielle Räuber und andere Fische und fächert Wasser über die Eier, um ihnen Sauerstoff zuzuführen. Einige

GEGENÜBER: Kaulquappen fressen See-gras.

RECHTS: Entchen auf Futtersuche.

UNTEN: Dieses Rehkitz liegt gut getarnt im alten Laub und hält bis zur Rückkehr seiner Mutter still, um keine Aufmerksamkeit zu erregen.

sen, gehören Kaninchen. Viele Tiere suchen das Nest nur auf, wenn sie die Jungen füttern oder pflegen müssen; sonst halten sie sich fern, um nicht versehentlich einen Räuber auf das Nest aufmerksam zu machen.

Auch die Jungen tragen oft selbst zu ihrer Sicherheit bei: Meistens verhalten sich Küken still, wenn ihre Eltern nicht da sind. Erst wenn diese mit Futter zurückkehren, piepsen sie und sperren die Schnäbel auf.

EINLEITUNG

Rehkitze liegen bewegungslos auf dem Waldboden, wenn sie alleingelassen werden, und vertrauen wie viele andere Tiere darauf, dass ihre Fellfärbung sie vor Entdeckung schützt. Einige Jungfische sind völlig anders gefärbt als die erwachsenen Tiere der Spezies, was diese davon abhält, sie als Rivalen zu sehen und anzugreifen.

BRUTPFLEGE

Tierarten, die Brutpflege betreiben, haben viel zu tun, wenn der Nachwuchs geboren ist. Die Jungen benötigen regelmäßig Futter, und jene Arten, die relativ hilflos geboren werden, brauchen unter Umständen auch bei der Ausscheidung Unterstützung und Stimulierung. Außerdem müssen das

UNTEN: Eine Bärenmutter säugt ihre Jungen.

GEGENÜBER: Ein junges Kaninchen knabbert am Gras.

TIERBABYS

Elterntier oder die Elterntiere für Schutz sorgen und sich um die eigene Ernährung und die ihrer Jungen kümmern. Bei einigen Arten hilft das Männchen bei diesen Aufgaben, bei anderen ist nur das Weibchen zuständig. Wenn die Jungen ein gewisses Entwicklungsstadium erreicht haben, müssen sie unter Umständen das Sozial- und Jagdverhalten erlernen, das sie für ihr eigenständiges Leben oder ihr Leben als Teil einer hierarchischen Gruppe benötigen. Zu den Arten, die sich die Aufzucht der Jungen teilen, zählen auch Elefanten und Meerkatzen; hier übernehmen für gewöhnlich ältere

Geschwister einige Aufgaben, was der Mutter eine willkommene Pause verschafft.

Einige Tiere verlassen ihre Familiengruppe nie. Weibliche Elefanten verbleiben in der Herde ihrer Mutter, die bis zu 100 und mehr Einzeltiere umfassen kann. Männliche Elefanten verlassen ihre Mütter jedoch, wenn sie geschlechtsreif werden, und bilden Jugendgruppen, die sie nur dann verlassen, wenn sie stark genug sind, den dominanten Bullen einer anderen Herde herauszufordern.

In aller Welt folgen daher Millionen und Abermillionen von Tieren aller Spezies

GEGENÜBER: Ein Papageientaucher, den Schnabel voll mit Sandaalen, die er für seine Küken gefangen hat.

UNTEN: Ein japanisches Makaken-Baby klammert sich an seine Mutter.

bei unzähligen Gelegenheiten ihrem blinden Instinkt, obwohl sie ihn nicht verstehen, und beginnen den wichtigsten Akt in der Natur – das Drama der Erschaffung eines neuen Lebens, das zur heikelsten und faszinierendsten aller Entwicklungsphasen führt: der Geburt eines neuen Tierbabys.

KAPITEL EINS

BAUERNHOF- UND HAUSTIERE

HAUSHUHN
(*Gallus gallus domesticus*)

Haushühner begleiten den Menschen seit mehr als 2000 Jahren, und es gibt kaum einen Ort auf der Welt, an dem man sie nicht als Quelle für Eier und Fleisch nützt. Das

Haushuhn wird sogar als Haustier gehalten, und es gab reichlich Zeit, um exotische und schmuckreiche Varianten zu züchten. Als sein nächster Verwandter gilt das Burma-Bankviahuhn, eine von vier wilden Hühnerarten, die in Indien und Südostasien beheimatet sind.

Hühner sind für gewöhnlich mit 18 bis 24 Wochen legebereit. Wie bei anderen Vogelarten wird das Ei mit einer harten, wasserdichten Schale umgeben, während es den unteren Teil des Eileiters passiert. Haushühner legen ihre Eier in eine Erdmulde, wenn kein anderer Nistplatz vorhanden ist, aber viele Hennen, die in Hühnerställen gehalten werden, legen ihre Eier in spezielle Brutboxen. Die Brutzeit beträgt etwa 21 Tage. Wenn sie bereit sind zu schlüpfen, beginnen die Küken zu piepsen; mit leisem Gluckern ermutigt die Henne dann die Kleinen, die Eischale zu durchbrechen.

Babyküken sind mit flauschigen Daunenfedern bedeckt und besitzen kleine, ungefiederte Flügel. Sie sind sehr niedlich. Je nach Rasse sind sie braun, cremefarben oder eine Mischung aus diesen und anderen Farben. Es kommt vor, dass die Henne ihre Küken füttert, doch meistens ruft sie sie einfach an irgendeine Futter- oder Wasserquelle, die sie gefunden hat. Wenn sie klein sind, legt die Henne schützend ihren Flügel über sie, doch nach ein paar Wochen verliert sie das Interesse an ihrer Nachkommenschaft und überlässt sie nach und nach sich selbst.

Das Ei gilt weithin als Symbol des Lebens, denn ein neues Leben kommt zum Vorschein, wenn sich das Küken aus der Schale befreit. Zu Frühlingsbeginn oder an Ostern werden – einer sehr alten Tradition folgend – verzierte, gefärbte oder bemalte Eier verschenkt; heute verwendet man Schokoladeeier, die angeblich vom Osterhasen für brave Kinder versteckt werden.

HAUSENTE (Spezies *Anas*)

Enten sind beliebte und wertvolle Tiere für jeden Bauernhof, wo man sie vor allem wegen ihres schmackhaften Fleisches, ihren Eiern und ihren Daunen schätzt. Viele Hausenten sind Nachkommen der weitverbreiteten wilden Arten, vor allem der Stockente (*Anas platyrhynchos*). Weil Enten robuster und weniger krankheitsanfällig

sind, sind sie meist leichter zu halten als Hühner. Idealerweise haben sie freien Zugang zu einem Teich und einen ruhigen, abgeschiedenen Ort für ihr Nest. Wenn es Katzen und Füchse gibt, bietet man ihnen jedoch besser einen sichereren Platz an.

Enten bauen Nester aus Gras auf dem Boden und kleiden sie mit Federn aus. Darauf werden neun bis 13 graugrüne Eier gelegt, die vom Weibchen etwa 26 Tage lang bebrütet werden. Die flaumigen Entchen sind beim Schlüpfen bereits gut entwickelt und folgen ihrer Mutter in die Sicherheit des Wassers, sobald ihr Federkleid getrocknet ist. Sie springen hinein, tauchen an die Oberfläche und machen sich schwimmend auf die Suche nach fressbaren Insekten. Sie folgen ihrer Mutter überallhin, bis sie groß genug sind, um allein auszukommen. Es dauert 50 bis 60 Tage, bis sie flügge werden.

Domestizierte Enten können als Haustiere im Garten oder Hinterhof gehalten werden, wenn es einen Teich gibt; dort verschlingen sie unter Umständen das ansässige Getier samt Froschlaich oder sogar ausgewachsene Frösche und Kröten. Da sie aufgrund ihrer Größe nicht gut fliegen können, sollte ein Stall zum Schutz vor Räubern wie Katzen, Füchsen oder Falken vorhanden sein.

PFERD (*Equus caballus*)

Zu den bekanntesten Pferderassen zählen die schweren Kaltblüter wie Shire und Percheron sowie Reitpferderassen wie Andalusier und Hannoveraner. In der Wildnis brachten Pferde ihren Nachwuchs ohne Eingriff oder Unterstützung durch den Menschen zur Welt, doch in häuslicher Haltung stellt man den Stuten für die Geburt meistens einen ruhigen, sicheren Ort, etwa eine abgetrennte Box, zur Verfügung. Vor der Paarung verhalten sich wilde und domestizierte Pferde jedoch gleich. Die Stute zeigt ihre Bereitschaft, indem sie uriniert und ihren Schweif hebt. Der Hengst nähert sich ihr und beschnüffelt sie, um sich von ihrer Bereitschaft zu überzeugen; wenn alles in Ordnung scheint, bespringt er sie.

Die Stute trägt das Junge (Fohlen) elf Monate lang. Meistens wird nur ein Fohlen geboren, Zwillinge kommen selten vor. Geburten finden im Allgemeinen im Frühjahr statt, meistens in der Nacht oder frühmorgens. (In der Wildnis könnte das die Wahrscheinlichkeit herabgesetzt haben, dass ein Räuber das Neugeborene erspäht.) Gleich nach der Geburt entfernt die Mutter den Fruchtsack, damit das Fohlen nicht erstickt. Dann leckt sie es trocken und stimuliert damit seinen Kreislauf. Bald versucht das Fohlen, bei seiner Mutter zu trinken, und innerhalb einer Stunde unternimmt es die ersten Stehversuche. Es kann drei, vier Versuche in Anspruch nehmen, bis die dürren, wackeligen Beine das Fohlen wirklich tragen, wobei es zuerst seine Hinterbeine streckt, dann seine Vorderbeine. Das Fohlen wird von seiner Mutter bis zu sechs Monate gestillt, obwohl es auch Gras frisst, sobald seine Zähne zu wachsen beginnen. In den folgenden Monaten wächst das Fohlen ständig und beginnt, seine Umgebung zu erkunden, auch wenn es stets in der Nähe seiner Mutter bleibt. Diese ist ihm ein aufmerksamer und schützender Elternteil.

Pferderassen werden nach ihrem Temperament grob in drei Kategorien unterteilt: die lebhaften Vollblüter, die Schnelligkeit und Ausdauer mitbringen; die Kaltblüter wie Zugpferde und Ponys, die sich gut für langsame, schwere Arbeit eignen; und Warmblüter, die aus Kreuzungen zwischen den ersten beiden Kategorien entstanden sind und speziell für die verschiedenen Aufgaben beim Reiten gezüchtet werden.

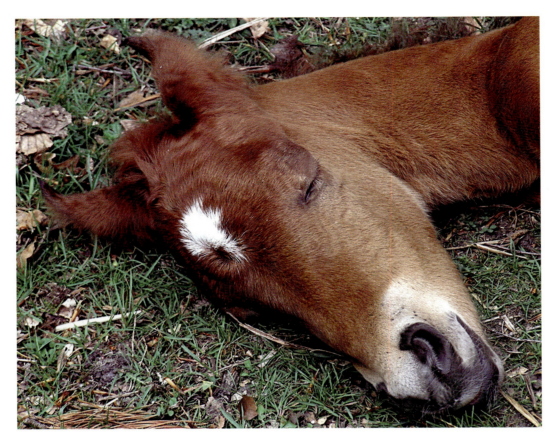

PONY

Ponys sind kleine Pferde und weisen in vielerlei Hinsicht die gleiche Anatomie, Verhaltensweisen und Bedürfnisse auf, auch wenn einige Ponyrassen besonders zäh sind, darunter die bekannten Shetland- und die Connemara-Ponys. Da die Elterntiere kleiner sind, sind auch ihre Fohlen kleiner als die von Großpferden, doch sie kommen auf die gleiche Weise zur Welt. Wie Pferdefohlen besitzen sie im Vergleich zu ihrem Körper überproportional lange Beine, doch dieses Missverhältnis verschwindet mit zunehmendem Alter. Wie Pferdefohlen können Ponyfohlen ihre Augen bereits kurz nach der Geburt fokussieren und haben erst im Alter von etwa sechs Monaten ein vollständiges Milchzahngebiss. Ein Pony gilt mit vier Jahren als ausgewachsen.

ESEL
(*Equus asinus* oder *Equus africanus*)

Der kleinste Vertreter der Equidae oder Pferdefamilie und heutige Nachfahre des wilden afrikanischen Esels wurde vor etwa 6000 Jahren in Nordafrika domestiziert. Man findet ihn in den Diensten des Menschen in aller Welt, denn er dient ihm schon seit Jahrtausenden als Lasttier. In Australien und Teilen von Nord- und Südamerika existieren heute noch wilde Herden. Der Esel ist ein extrem zähes Tier, das von kargem Gras und auch in sehr heißen, trockenen Gegenden leben kann. Er ist außerdem ein freundliches, ruhiges und liebenswertes Haustier und wird bis zu 50 Jahre alt.

Es wurde prophezeiht, dass der Messias auf einem Esel reiten würde, was im Kontext der hebräischen Bibel so viel bedeutete wie, dass er eine wichtige Gestalt war, weil das gewöhnliche Volk damals zu Fuß ging. Später erhielt die Vorstellung, dass Jesus, der christliche Messias, auf einem Esel nach Jerusalem ritt, jedoch eine andere Bedeutung: Heilige wie Franz von Assisi deuteten dies als Zeichen der Einfachheit und Demut.

Die Tragezeit von Eseln beträgt im Durchschnitt zwölf Monate. Zwillinge kommen selten vor, wenn auch etwas häufiger als bei Pferden. Geburt, Pflege und Entwicklung des Eselfohlens verlaufen sehr ähnlich wie beim Pferdefohlen.

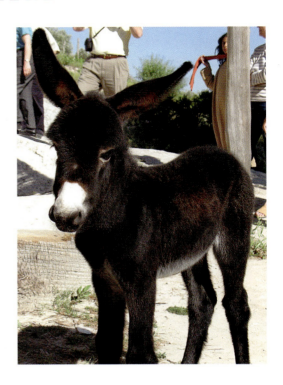

SCHAF (*Ovis aries*)

Es gibt an die 300 verschiedene Schafrassen und Unterarten in aller Welt, außer in extrem kalten Gegenden. Schafe wurden erstmals vor etwa 10.000 Jahren in der Gegend des heutigen Israel, Syrien, Libanon, Türkei und Irak domestiziert. Man schätzt, dass es weltweit über 100 Millionen Schafe gibt, den Großteil davon in Australien.

Auch wenn die meisten Schafe wegen ihrer Wolle und ihres Fleisches in Herden gehalten werden, gibt es auch wilde Bestände, die man unter dem Begriff Mufflons zusammenfasst. Merino, Karakula, Corriedale und Schwarzköpfiges Fleischschaf sind nur einige der zahlreichen Rassen.

Für gewöhnlich wird eine Herde von Auen (Weibchen) von einem einzigen Hammel (Männchen) gedeckt. Die Brunftzeit ist von der Jahreszeit abhängig, es gibt aber auch ganzjährig empfängnisbereite Rassen. Die meisten Lämmer kommen nach einer Tragezeit von 143 bis 159 Tagen im Frühjahr einzeln oder paarweise zur Welt. Im Durchschnitt wiegt ein Lamm bei seiner Geburt etwa 4 kg. Lämmer werden voll entwickelt geboren und können bereits wenige Stunden später laufen. Sie haben lange Schwänze, die vom Bauern oft gekürzt wer-

Schafen gebührt ein einzigartiger Platz in der menschlichen Kultur; sie werden mit der Vorstellung einer ländlichen Idylle assoziiert und kommen in vielen Mythologien vor. Im religiösen Ritual spielen sie eine wichtige Rolle beim Opfer und als Christus, das Lamm Gottes.

den, damit sie sich nicht im Gebüsch oder Zaun verfangen, wenn sie umhertollen. Unmittelbar nach der Geburt findet die Prägung statt: Mutterschaf und Lamm müssen lernen, einander an Stimme und Geruch zu erkennen, bevor sie sich wieder der Herde anschließen. Danach gestattet das Mutterschaf nur ihrem eigenen Lamm zu trinken. Schafmilch enthält mehr Fett und Eiweiß als Kuhmilch. Das Lamm wird etwa vier Monate gesäugt, bevor es sich nur noch von Gras und anderen Pflanzen ernährt.

ZIEGE (*Capra hircus aegagrus*)

Es gibt mehr als 200 Ziegenrassen, darunter die anglo-nubische, die Norsk-, die Angora- und die Toggenburger Ziege. Ziegen findet man häufig in warmen Ländern mit mildem Klima, wo man sie in großer Zahl vor allem in trockenen, kargen Gegenden antrifft, denn sie kommen mit spärlicher, sogar dorniger Vegetation als Nahrung aus. Ihre Ernährungsgewohnheiten haben allerdings in einigen Gebieten zu Problemen geführt, etwa in der Grenzregion der Südsahara, wo sie den ohnehin schon spärlichen Bewuchs vernichteten und so der Wüsten-

bildung Vorschub leisteten. Ziegen sind sehr geschickt; sie können auf Bäume klettern und so an Futter herankommen, das andere Wiederkäuer nicht erreichen. Ziegen werden seit mindestens 9000 Jahren gehalten; neben den Hausziegenarten gibt es mancherorts auch verwilderte und wilde Arten. Der Mensch schätzt Ziegen wegen ihres Fleisches, ihres Leders und ihrer Milch und in einigen Gegenden wie Nepal auch als Lasttiere.

Mit vier bis sechs Monaten werden Ziegen geschlechtsreif, die Paarung findet zwischen September und März statt. Nach einer Tragezeit von 150 Tagen bringt die Geiß ein bis drei Zicklein zur Welt. Diese werden zehn bis zwölf Wochen gesäugt, auch wenn sie bereits mit zwei bis drei Wochen feste Nahrung zu sich nehmen, um die Entwicklung des Pansen (ein spezieller Teil des Magens, der eine wichtige Rolle bei der Verdauung der pflanzlichen Nahrung

spielt) zu fördern. Junge Ziegen sind neugierige, lebhafte Tiere, die untereinander rasch eine »Hackordnung«, eine Hierarchie entwickeln. Als geschickte Kletterer erklimmen sie bald alles, was ihnen unterkommt – einschließlich ihrer eigenen Mutter!

Ziegen besitzen horizontale, schlitzförmige Pupillen für das periphere Sehen.

SCHWEIN (*Sus domestica*)

Das Hausschwein ist ein völlig missverstandenes Tier. Für die meisten Leute ist es kaum mehr als ein Fleischlieferant, doch in Wahrheit ist das Schwein ein intelligentes Tier, das oft schneller lernt als ein Hund. Seit Kurzem werden einige Rassen wie das Vietnamesische Hängebauchschwein auch als Haustiere gehalten. Weltweit gibt es an die 800 Millionen Schweine, die Hälfte davon in Asien. Schweinefleisch wird auf unterschiedlichste Weise genützt, ebenso Leder, Fett und Borsten. In der Region Perigord in Frankreich setzt man Schweine mit ihren empfindlichen Rüsseln zur Trüffelsuche (ein Speisepilz) ein, andernorts halten Familien Schweine, die frei laufen dürfen und Wurzeln, Würmer und Essensreste vertilgen. Wieder anderswo werden Schweine auf Bauernhöfen gezüchtet, entweder in kleinen Einheiten oder in großen, industriellen Anlagen. Zu den beliebtesten Rassen zählen Tamworth, Landrassen, Sattelschwein und Andalusier.

In tropischen Länder kann es jederzeit zur Paarung kommen, meistens aber zur Regenzeit. Das weibliche Schwein (Sau) ist mit etwa acht Monaten geschlechtsreif und trägt rund 115 Tage. Vor der Paarung gelten Weibchen als Jungsäue, danach als Säue. Ein Wurf kann sechs bis 16 Ferkel umfassen, auch größere Würfe sind schon vorgekommen. Die Sau säugt die Ferkel etwa drei Wochen lang; dazu legt sie sich auf die Seite und die hungrigen Ferkelchen raufen sich um den Zugang zu ihren Zitzen. Nach der Entwöhnung fressen die Jungschweine feste Nahrung.

Entgegen ihrem Ruf als gefräßige, schmutzige Tiere sind Schweine überaus intelligente Lebewesen.

RIND (Spezies *Bos*)

Kühe (Weibchen) und Stiere (Männchen) gehören zur Gruppe der Wiederkäuer. Es gibt mehr als 200 verschiedene Rassen, die weltweit als Milch-, Fleisch- und Lederlieferanten gehalten werden. In einigen Erdteilen wie Afrika oder Asien werden Rinder auch als Zugtiere eingesetzt. Ein Sechstel aller Rinder lebt in Indien. Domestiziert wurde das Rind vor etwa 9000 Jahren. Die meisten Rinder werden wegen ihrer Milch (Milchkühe) oder wegen des Fleisches (Fleischrind) gezüchtet. Bekannte Milchkuhrassen sind Holstein, Jersey und Dairy Shorthorn, beliebte Fleischrindrassen Texas Longhorn, Hereford und Charolais. In Teilen Australiens und im Westen der USA grast das Vieh auf riesigen Ranchen in gewaltigen Herden von bis zu Zehntausenden Tieren, anderswo werden sie auf kleinen Weiden und Höfen gehalten.

Die meisten Kühe sind bei ihrem ersten Kalb etwa zwei Jahre alt, davor nennt man sie Färsen. Sie tragen rund 283 Tage und bringen fast immer ein einzelnes Kalb zur Welt. Das Kalb ernährt sich bis zum Alter von etwa acht oder neun Wochen von der reichhaltigen Milch seiner Mutter. Die Muttermilch liefert dem Jungtier auch le-

Rinder sind Wiederkäuer; ihr Verdauungssystem kann Nahrung, die sonst unverdaulich wäre, verarbeiten, indem der Nahrungsbrei hochgewürgt und wiedergekäut wird. Dieser wird nun abermals geschluckt und im Pansen von spezialisierten Mikroorganismen weiterverdaut; diese spalten die Zellulose und andere Kohlehydrate in flüchtige Carbonsäurederivate auf, den Hauptenergielieferanten des Stoffwechsels beim Rind.

benswichtige Antikörper, die es gegen Krankheiten schützen. Kälber werden mit kleinen Hörnern geboren, die oft von einem Tierarzt entfernt werden.

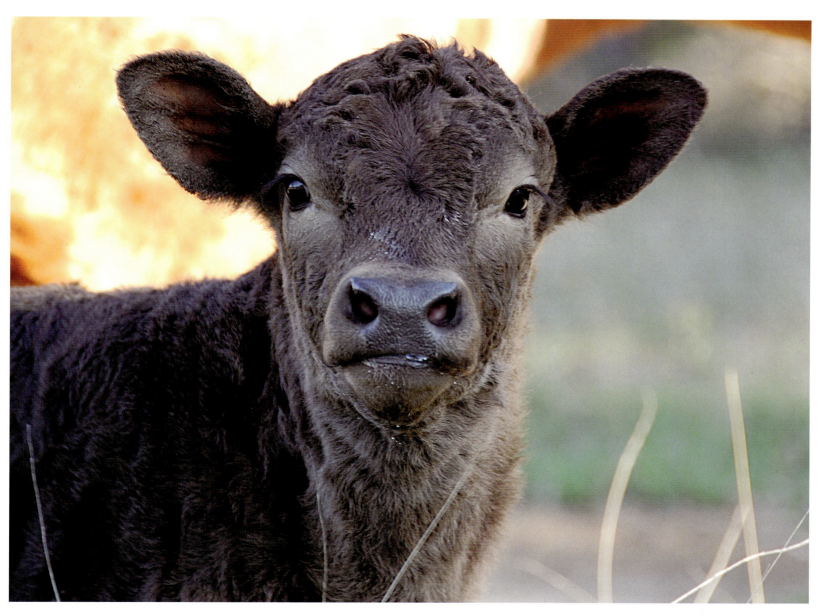

HUND (*Canis familiaris*)

Der Haushund ist seit Tausenden von Jahren ein treuer Freund und Helfer für den Menschen. Er ist zäh, intelligent und kann in vielerlei Formen für die verschiedensten Aufgaben gezüchtet werden; so dient er dem Menschen als Wachhund, Blindenführhund und Hirtenhund, als Jagdhund, Drogenspürhund und Lasttier. Der Hund stammt vom Wolf ab, auch wenn die genaue Abstammungslinie sowie die Art der Domestizierung bis heute nicht genau geklärt sind. Wie dem auch sei, im Laufe von Jahrtausenden wurde zwischen Mensch und Hund ein einzigartiges, unauflösliches Band geknüpft. Schon die alten Ägypter kannten Hunde vor Tausenden Jahren. Die heutigen Rassen werden oft nach ihrem generellen Erscheinungsbild oder nach der ihnen zugedachten Aufgabe eingeteilt. So gibt es Jagdhunde, Apportierhunde, Terrier, Allzweck oder Gebrauchshunde sowie Schoßhunde.

Unter all den als Haustieren gehaltenen Tieren ist keines bezaubernder, unterhaltsamer, verspielter und dankbarer als der Hund, insbesondere, wenn er noch ein Welpe ist. Ein Welpe benötigt jedoch nicht nur die Pflege und Zuwendung seiner Mutter; zur rechten Zeit braucht er auch die feste, aber verständnisvolle Erziehung durch seinen Besitzer, damit er zu einem ausgeglichenen und wohlerzogenen Hund heranwächst. Ein unerzogener Hund außer Kontrolle ist eine Gefahr und ein Ärgernis für so gut wie jeden, auch für sich selbst. Der Hund ist von Natur aus ein Rudeltier, deshalb muss er lernen, dass er seinen Platz in dem hierarchischen System hat, in dem sein Herrchen oder Frauchen der »Leithund« ist.

1993 wurden Hunde vom Smithsonian Institute und von der American Society of Mammalogists als Subspezies des Wolfs, Canis lupus, *reklassifiziert.*

Aufgrund der großen Vielfalt an Hunderassen ist auch die zeitliche Bandbreite groß, in der die Weibchen geschlechtsreif werden, doch meistens sind sie dann zwischen vier und 18 Monaten alt. Jene Phase, in der die Hündin paarungsbereit ist, nennt man »Läufigkeit«. Nach der Paarung trägt sie die Jungen 59 bis 65 Tage lang aus, zumeist 63 Tage. Im Durchschnitt kommen pro Wurf sechs Welpen zur Welt, doch hier gibt es große Unterschiede, vor allem zwischen den Rassen. Große Rassen bringen eher große Würfe hervor (in einigen Fällen kann ein einziger Wurf bis zu 15 Welpen umfassen).

Wenn die Hündin kurz vor der Niederkunft steht, zeigt sie Änderungen in ihrem Verhalten, die der Besitzer beachten sollte. Sie wird ihm rastlos erscheinen, den Appetit verlieren und meistens beginnen, an einem ruhigen Ort ein Nest aus Papierschnipseln oder ähnlichem Material zu bauen. Außerdem sinkt ihre Körpertemperatur ab. Spätestens jetzt sollte man ihr eine passende Wurfbox zur Verfügung stellen; der Besitzer sollte sicherstellen, dass die Hündin nicht gestört wird, und sich bereithalten, um im Notfall helfend einzugreifen.

Welpen werden für gewöhnlich im Abstand von 20 Minuten geboren, obwohl die Hündin auch »eine Pause einlegen« kann, sodass sich der gesamte Vorgang über mehrere Stunden – manchmal länger – hinziehen kann. Wenn die Mutter sich sichtlich anstrengt, aber eine Stunde lang kein Junges zum Vorschein kommt, sollte man einen Tierarzt rufen. Welpen werden meist mit dem Kopf voran und von einer Haut umschlossen geboren. Die Mutter beißt die

Nabelschnur durch, befreit die Kleinen von der Haut und leckt sie kräftig, um die Atmung zu stimulieren.

Welpen werden blind geboren; sie können sich kaum bewegen und nicht ohne äußere Stimulierung urinieren oder koten. Doch sie können riechen, schmecken und Berührung empfinden, und sie winseln, um die Aufmerksamkeit ihrer Mutter zu erregen. Die Fähigkeit, zu saugen, ist ihnen angeboren, und wenn sie einmal eine mütterliche Zitze erwischt haben, stillen sie daran glücklich ihren Hunger. Wenn sie noch ganz jung sind, trägt sie die Mutter in der Wurfbox von einer Seite auf die andere, damit sie in Ruhe trinken oder schlafen können.

Ständig werden die Welpen kräftiger und mobiler und mit etwa zwölf Tagen öffnen sie erstmals ihre Augen. Mit etwa drei Wochen beginnt die Entwöhnung, zunächst mit einer Milchmahlzeit, wenn die Mutter nicht in der Wurfbox ist; dann werden nach und nach Fleisch, Getreideflocken und Welpenfutter eingeführt. In weiterer Folge werden die Welpen immer unabhängiger; sie beginnen ihre Umgebung zu erforschen, indem sie an allem schnüffeln und herumkauen, und spielen mit ihren Geschwistern.

Wenn ein Welpe seine Mutter verlässt und in die Obhut seines neuen Besitzers kommt, muss man ihn liebevoll pflegen und erziehen, damit er ein glückliches Leben führen kann. Ein Welpe bedeutet eine große Verantwortung, und wenn man nicht die Zeit und den Willen hat, sich ihr zu stellen, sollte man keinen Welpen zu sich nehmen. Ein glücklicher Hund wird seinem Besitzer jedoch dessen Freundlichkeit, Geduld und Zuwendung mehr als vergelten. Seine lustigen Streiche, seine Spielfreude und seine Ergebenheit werden ihn bald zum geliebten Mitglied der Familie werden lassen.

KATZE (*Felis catus*)

Die Hauskatze ähnelt verblüffend ihren wilden Verwandten, etwa der afrikanischen Wildkatze (*Felis sylvestris lybica*) oder der europäischen Wildkatze (*Felis sylvestris*). Katzen wurden vermutlich vor etwa 5000 Jahren domestiziert und verdienten sich ihren Unterhalt bald als Jäger von Ratten und anderen Nagetieren, die in Kornspeichern und Lebensmittellagern große Schäden anrichteten. Deshalb schätzt man sie vielerorts auch heute noch, auch wenn die meisten Katzen heutzutage bloß als Haus-tiere gehalten werden. Ironischerweise ärgert man sich in diesem Fall oft über ihren Jagdtrieb, weil sie die Zahl der Gartenvögel und Spitzmäuse dezimieren. In den Jahrtausenden, in denen die Katze mit dem Menschen verbunden ist, spielte sie eine wichtige Rolle in Religion, Kunst, Mythos und Volksbräuchen; in einigen Kulturen wurde sie zur Göttin erhoben, in anderen als Hexenbegleiter geschmäht. Sie bleibt jedoch ein rätselhaftes und unabhängiges Tier, das immer mehr zu wissen scheint, als es enthüllt! Auch wenn die meisten Katzen freundlich und umgänglich sind, schenken sie uns selten die fast bedingungslose Liebe, wie Hunde sie uns geben.

Anders als bei Hunden, die für viele verschiedene Zwecke gezüchtet wurden, was zu einer Unzahl an Größen und Formen geführt hat, ging es bei Katzen eher darum, andere Fellfarben, Fellarten und kleine Unterschiede im Körperbau zu züchten. Daher ähneln sich die meisten Hauskatzen stark in ihrer Gestalt. Trotz Domestizierung behielt die Katze viele Verhaltensweisen bei, die ihre wilden Verwandten so erfolgreich machen. Sie besitzt einen muskulösen, biegsamen Körper und kann

Als geschickte Jäger jagen Katzen mehr als 1000 Tierarten. Man kann ihnen beibringen, auf einfache Kommandos zu hören; einzelne Tiere konnten sogar lernen, wie man einfache Mechanismen bedient, etwa Türschnallen. Für verschiedene Arten von Kommunikation benützen Katzen Körpersprache und Töne; dazu gehören Miauen, Schnurren, Fauchen, Zischen, Fiepen und Knurren.

ausgezeichnet springen und klettern. Mit ihrem exzellenten Gleichgewichtssinn kann sie auf einem Gartenzaun balancieren und einige Katzen wie die Türkisch Van können sogar schwimmen. Mit ihren speziellen Augen können Katzen gut in der Nacht sehen und in der Dunkelheit erfühlen sie ihren Weg mit ihren langen Schnurrhaaren. Mit ihrem feinen Gehör orten sie ihre Beute genau und bei ihrer Schnelligkeit hat das Opfer keine Chance auf Entkommen.

Hauskatzen werden auf verschiedene Arten klassifiziert; die einfachste ist die Unterteilung in Lang-, Mittel- und Kurzhaar. Innerhalb dieser Gruppen gibt es viele verschiedene Rassen mit unterschiedlichen Fellfarben, -zeichnungen und Haartypen. Es gibt auch schwanzlose Rassen und solche mit ungewöhnlich geformten Ohren. Außerdem gibt es neben den Rassekatzen unzählige »Miezekatzen« ohne Stammbaum sowie neue Arten, die noch auf Klassifizierung warten. Obwohl sich viele Katzen ähnlich sehen, so unterscheiden sich die Rassen doch in ihren charakteristischen Merkmalen und im Temperament; angesichts dessen kann es schwierig werden, sich für eine Katze zu entscheiden.

Katzen werden mehrmals im Jahr »rollig«, also paarungsbereit, wobei Weibchen mit vier bis zehn Monaten geschlechtsreif sind, Kater mit etwa sechs Monaten. Die Tragezeit beträgt 60 bis 69 Tage. Die Katze benötigt einen warmen, ruhigen und ku-

scheligen Ort, um ihre Kätzchen zur Welt zu bringen, und die meisten Besitzer stellen ihr einen solchen bereit, auch wenn sich manche Katzen selbst einen Ort suchen, an dem sie sich sicher fühlen. Ein Wurf besteht aus zwei bis acht Kätzchen, meistens sind es drei bis fünf. Die Kätzchen kommen mit geschlossenen Augen und mit ihrer Plazenta zur Welt. Außerdem sind sie bei der Geburt taub. Die Mutter beißt die Nabelschnüre durch und leckt die Kätzchen, um die Atmung zu stimulieren, dann ermutigt sie sie, bei ihr zu trinken.

Mit etwa einer Woche öffnen die Kätzchen ihre Augen und beginnen etwa eine Woche später, sich im Nest zu bewegen. In den ersten Wochen ihres Lebens werden die Kleinen von ihrer Mutter nicht nur gefüttert, sondern auch sauber gehalten. Inner-

halb weniger Tage können sie ihre Mutter lokalisieren und zum Säugen zu ihr kriechen. Mit etwa fünf Wochen sind die Kätzchen sehr aktiv und erforschen neugierig ihre Umgebung. Wenn sie die Kleinen zurück ins Nest bringen möchte, nimmt sie die Katze sanft in ihr Maul. Mit sechs oder sieben Wochen beginnt die Entwöhnung, wobei die Kätzchen schon mit sechs Wochen erstmals feste Nahrung zu sich nehmen. Obwohl sie nun sehr aktiv sind, sollte man sie im Haus behalten, bis sie entwöhnt sind, um Infektionen vorzubeugen. Nach einer Mahlzeit sollte man sie auf ein Katzenkistchen setzen; so werden sie bald stubenrein.

Kätzchen sind neugierige, verspielte Tiere. In den ersten Lebensmonaten wechseln Phasen hektischer Aktivität mit Perioden tiefen Schlafs. Im Alter von sechs Wo-

chen spielen sie gern mit kleinen Spielzeugen wie Bällen, doch man sollte sie beaufsichtigen, damit sie sich nicht verletzen. Ebenso muss man darauf achten, dass sie Vorhänge, Möbel und andere wertvolle Gegenstände im Haus nicht beschädigen. Die Erziehung beginnt bereits in diesem Alter; der Besitzer sollte Wohlverhalten verstärken, etwa wenn das Kätzchen kommt, wenn man es ruft. Bei schlechtem Benehmen, etwa wenn es an Möbeln kratzt, sollte man scharf auf den Tisch klopfen oder ein anderes plötzliches Geräusch machen. Mit der Zeit entsteht eine Beziehung zwischen Besitzer und Katze; dann begrüßt sie ihn, indem sie ihren Kopf an ihm reibt, miaut, wenn sie hungrig ist oder hinauswill, und sie wird seinen Schoß aufsuchen, wenn sie sich ein wenig ausrasten möchte.

GOLDFISCH (*Carassius auratus*)

Der Goldfisch war einer der ersten Fische, die domestiziert wurden, und ist heute noch in vielen Aquarien und Gartenteichen zu finden. Als relativ kleines Mitglied der Karpfenfamilie wurde er erstmals in China domestiziert und Ende des 17. Jahrhunderts nach Europa gebracht. Dass er auch heute noch eines der beliebtesten Haustiere ist, ist nicht schwer zu verstehen. Er ist ein kostengünstiger, zäher Kaltwasserfisch, der in einem Aquarium ebenso glücklich leben kann wie in einem Gartenteich. Außerdem ist er in vielen Farben erhältlich sowie mit verschiedenen Flossen- und Körperformen, als Shubunkin, Löwenkopf, Schleierschwanz, Komet oder Black Moor. Goldfische können verschiedenstes Futter aufnehmen, Natürliches wie Insekten ebenso wie Markenfischfutter.

Goldfische haben einmal im Jahr Brunftzeit, meistens im späten Frühjahr. Am liebsten paaren sie sich in feinblättrigen Pflanzen, wo es Wurzeln gibt, in denen das Weibchen ihre Eier ablegt. Nach der Eiablage werden diese vom Männchen befruchtet. Viele Eier werden von anderen Goldfischen gefressen, die in der Gegend lauern, doch für gewöhnlich bleiben einige intakt. Bis zum Schlüpfen dauert es etwa eine Woche; in den ersten Tagen tragen die Jungen einen Dottersack, aus dem sie sich ernähren. Wenn dieser verbraucht ist, sehen sich die Jungfische nach anderem Futter um.

Der älteste Goldfisch lebte nachweislich 49 Jahre, doch die meisten heimischen Goldfische leben aufgrund ihrer Gefangenschaft nur sechs bis acht Jahre.

Auch wenn sie hochgeschätzt sind, sind Ziergoldfische wie Orandas, Ryukins und Ranchus oft schwieriger zu halten; sie erzielen weit höhere Preise als einfachere Arten.

WELLENSITTICH
(*Melopsittacus undulatus*)

Ein ebenso beliebtes Haustier, vielleicht der beliebteste Käfigvogel überhaupt, ist der Wellensittich. Die freundlichen, neugierigen, lebhaften Tiere gibt es in vielen Farben. Sie sind begabte Nachahmer, nicht nur der menschlichen Stimme, sondern auch anderer Geräusche, die sie wiederholt hören, wie Türglocken und Telefone.

Ein Brutplatz besteht für gewöhnlich aus einem oder mehreren Brutkäfigen, je nachdem, wie viele Vögel man hält. Am Käfig wird mit Draht ein Nistkasten befestigt, den die Vögel leicht erreichen können. Wenn sich Vogelpärchen gebildet haben, setzt man das Weibchen für mehrere Tage allein in den Brutkäfig, sodass sie sich an ihn und ihre Umgebung gewöhnen kann. Wenn sie sich zu Hause fühlt und entspannt ist, wird sie eher Eier legen. Als nächstes setzt man das Männchen in den Brutkäfig, damit es zur Paarung kommen kann.

Innerhalb von zehn Tagen beginnt das Weibchen zu legen. Ein Gelege besteht meist aus vier bis acht Eiern; vom ersten gelegten Ei bis zum ersten schlüpfenden

In den USA werden Wellensittiche oft als »Parakeet« bezeichnet, womit alle kleinen Papageien mit langen, flachen Schwänzen gemeint sind. Der Wellensittich ist in den trockenen Teilen Australiens zu finden, wo er die letzten fünf Millionen Jahre in den harten Bedingungen im Landesinneren dieses Kontinents überlebt hat.

Küken dauert es 18 Tage. Mit vier Wochen verlassen die Küken den Nistkasten und etwa zwei Wochen später können sie sich allein versorgen. Ihre erste Mauser erleben sie, bevor sie vier Monate alt sind.

UNZERTRENNLICHE (Spez. *Agapornis*)

Unzertrennliche, auch »Liebesvögel« genannt, sind freundliche, farbenprächtige und intelligente kleine Vögel. Sie zählen zu den kleinsten Mitgliedern der Papageienfamilie, sind leicht zu halten und leben mit bis zu 20 Jahren relativ lang. Sie sind soziale Vögel, daher hält man sie am besten zu zweit oder in einer Gruppe. Sie lieben es, überall herumzuklettern, Tricks zu erlernen und mit ihren hohen Schreien die Aufmerksamkeit ihres Besitzers auf sich zu ziehen. Es gibt sie in vielen verschiedenen Farben.

Mit etwa einem Jahr können sich Unzertrennliche paaren; dazu benötigen sie einen Nistkasten oder einen hohlen Baumstamm. Am angenehmsten ist ihnen feuchtwarme Umgebung; deshalb sollte der Nistplatz mit viel feuchtem Torf, Rind und Stroh ausgelegt werden.

Das Weibchen beginnt zu brüten, nachdem sie das zweite oder dritte Ei gelegt hat; insgesamt besteht das Gelege aus vier bis sechs Eiern, die 23 Tage bebrütet werden. Die Küken werden von beiden Elternteilen gefüttert. Mit sechs Wochen können sie das Nest verlassen, sie kehren jedoch noch eini-

Als Unzertrennliche oder »Liebesvögel« werden Vögel der Spezies Agapornis (von griechisch agape = Liebe und ornis = Vogel) bezeichnet, die neun Arten umfasst. Acht davon stammen vom afrikanischen Kontinent, das Grauköpfchen ist auf der Insel Madagaskar beheimatet.

ge Wochen lang jeweils für die Nacht in das Nest ihrer Eltern zurück. Wenn sich die Jungtiere selbst ernähren können, setzt sie ihr Halter meist in einen eigenen Käfig, damit die Eltern erneut brüten können.

HAMSTER (inklusive Spezies *Cricetulus,* *Cricetus,* *Mesocricetus* und *Phodopus*)

Hamster sind kleine Nagetiere, die man in ihrer Wildform in Teilen Europas, im Nahen Osten, in Russland und auch in China findet. Ihr Name kommt vom deutschen »hamstern«, was darauf anspielt, dass sich die kleinen Nager ihre Backentaschen mit relativ großen Futtermengen vollstopfen, bevor sie in ihren Bau zurückkehren. Dieses Verhalten zeigen sie auch, wenn man sie als Haustiere im Käfig hält und auch, wenn es wenige Zentimeter von ihrem Nest entfernt reichlich Nahrung gibt! Hamster sind als Haustiere sehr beliebt, auch wenn sie von

Natur aus dämmerungs- bzw. nachtaktiv sind. Das erklärt vielleicht auch, warum sie manchmal beißen, wenn man sie untertags vorzeitig aus ihrem Schlummer reißt, um mit ihnen zu spielen.

Abhängig von der Rasse werden Hamster in ganz unterschiedlichem Alter geschlechtsreif, meist zwischen einem und drei Monaten. Die Paarung findet meistens zwischen April und Oktober statt. Bei syrischen Goldhamstern gibt es mit acht bis zehn Jungen die größten Würfe; bei anderen Hamsterrassen kommen pro Wurf drei bis sieben Junge zur Welt. Die Tragezeit beträgt beim syrischen Goldhamster 16 bis 18 Tage, bei anderen Rassen 21 Tage und mehr. Hamster sind bei ihrer Geburt haarlos und blind; das Nest hat ihre Mutter zuvor eigens für sie vorbereitet. In der Wildnis legt sie es mit Blättern aus, Haustieren stellt man Taschentücher oder Wattebälle zur Verfügung. Die Jungen beginnen bald das Nest zu erforschen und sind mit 22 oder 23 Tagen vollständig entwöhnt.

Syrische Goldhamster sind im Allgemeinen Einzelgänger und bekämpfen Artgenossen bis zum Tode. Zwerghamster hingegen kommen meistens miteinander aus. Ein gezähmter Goldhamster bleibt lange Zeit zutraulich.

MEERSCHWEINCHEN
(*Cavia porcellus*)

Meerschweinchen erhielten ihren Namen wegen der quiekenden Laute, die sie von sich geben. Sie sind freundliche, einfach zu haltende und relativ robuste Haustiere und daher auch für Kinder geeignet. Sie können auch mit Zwergkaninchen gehalten werden und leben als Rudeltiere gerne mit Artgenossen. Meerschweinchen gehören zur Familie der Caviidae, die aus Südamerika stammt, wo man sie in einigen Ländern als Nahrungs- und Pelzquelle verwendet. Der Charme der kleinen Tiere ist so groß, dass man sie heute weltweit vorfindet. Wie viele andere als Haustiere gehaltene Tiere sind Meerschweinchen in vielen Farben und Haartypen erhältlich.

Die Sau (Weibchen) ist mit etwa fünf Monaten geschlechtsreif. Damit sie sich paaren, lässt man sie für etwa sechs Wochen mit einem Böckchen (Männchen) zusammen; wenn das Weibchen trächtig ist, sollte man sie wieder trennen. Nach etwa 69 Tagen kommen die Jungen, meistens vier, häufig nachts zur Welt. Meerschweinchenbabys können bereits wenige Tage nach der Geburt an fester Nahrung knabbern, trinken jedoch bis zum Alter von etwa 30 Tagen Muttermilch. Nach kurzer Zeit schon erforschen sie ihre Umgebung in Begleitung ihrer stets wachsamen Mutter.

Häufig im Tierhandel anzutreffende Meerschweinchenrassen sind English oder American Kurzhaar mit kurzem, glattem Fell, Rosettenmeerschweinchen mit Haarwirbeln, Peruaner und Sheltie (Silkie), beides Langhaarrassen, sowie Texel mit lockigem, langem Fell.

MONGOLISCHE RENNMAUS
(Gerbil; *Meriones unguiculatus*)

Obwohl sie an trockene, oft heiße Lebensräume angepasst sind, stellen Rennmäuse ideale Haustiere dar. Sie sind hochaktiv und niedlich anzusehen, und wenn man sich von klein auf mit ihnen beschäftigt, können sie sehr zutraulich werden. Es gibt an die 80 verschiedene Arten in Afrika, dem Nahen Osten und Asien, wobei am häufigsten die Mongolische Rennmaus (Gerbil) gehalten wird. Sie sind gesellige Tiere, die in einem Bau leben, wenn sie

nicht gerade fressen; sie ernähren sich fast ausschließlich von Samen. Mit ihren Vorderpfoten können sie Nahrung halten, wenn sie daran knabbern, mit ihren kräftigen Hinterbeinen extrem gut springen.

Mit etwa neun Wochen sind Rennmäuse geschlechtsreif – noch bevor sie ganz ausgewachsen sind. Am besten stellt man ein Pärchen schon sehr früh einander vor, um die Gefahr eines Kampfes zu verringern; wenn das nicht möglich ist, sollten sie sich auf neutralem Gebiet begegnen. Die Tragezeit beträgt 24 Tage, dann werden meistens vier bis sechs Junge geboren. Die

Die Mongolische Rennratte wird oft mit Meriones unguiculatus verwechselt, ist aber eine eigene Art (1954 in die USA gebracht).

Babys sind hilflos und nackt, ihr Fell beginnt erst nach sechs Tagen zu wachsen. Nach weiteren zehn Tagen öffnen sie ihre Augen und beginnen, sich zu bewegen. Die Mutter trägt die Kleinen im Maul umher bzw. zurück zum Nest, wenn sie sich zu weit hinauswagen. Mit 16 Tagen nehmen sie erstmals feste Nahrung zu sich, obwohl sie bis zum Alter von 21 bis 25 Tagen weiterhin gesäugt werden.

KAPITEL ZWEI

AMPHIBIEN UND REPTILIEN

GRASFROSCH (*Rana temporaria*)

Den Grasfrosch findet man in ganz Europa (aber nur in kleinen Gebieten Spaniens und Italiens) sowie in Asien, oft in der Nähe von Teichen, Flüssen und Marschen. Außerhalb der Brutzeit lebt er hauptsächlich an Land, sodass er auch in Wäldern, Gärten und Wiesen anzutreffen ist. Seine Nahrung besteht aus Schnecken, Würmern und Insekten. Erwachsene Tiere fangen ihr Fut-

ter an Land, junge Frösche fressen auch im Wasser. Mit ihrer langen, klebrigen Zunge und dem weit geöffneten Maul können sie ihre Beute rasch fangen und verschlucken.

Die Brutzeit beginnt im Dezember und dauert bis März, meistens paaren sich Frösche im Februar und März, wenn ihre Winterstarre vorüber ist. Diese verbringen sie in Komposthaufen, unter Baumschnitt oder in Blättern am Grund eines Teichs. Die Männchen treffen zuerst am Brutplatz ein

Bis in die 1970er-Jahre hinein ging der Froschbestand ernsthaft zurück, doch seit Gartenteiche beliebter geworden sind, hat die Zahl der Frösche wieder erfreulich zugenommen; allerdings kann die Fortpflanzung in derartiger Isolation zu Immunschwäche und zum Anstieg von Krankheiten führen.

und locken die Weibchen mit ihrem rauen Gequake an. Die beiden paaren sich im

Wasser und das Weibchen legt bis zu 4000 Eier auf einmal ab, die bei der Ablage vom Männchen befruchtet werden. Meistens wird in stillen, ruhigen Gewässerteilen abgelaicht, wie man sie in Teichen vorfindet. Die Eier (Laich) sind von einer gallertigen Hülle umgeben, die im Wasser anschwillt und die Eier schützt. Der Laich treibt an der Wasseroberfläche, wo die Sonne die Eier wärmt und deren Entwicklung begünstigt.

Die Larven, die nach 30 bis 40 Tagen aus den Eiern schlüpfen, nennt man Kaulquappen. Sie besitzen einen großen Kopf mit großen Augen, Kiemen für die Atmung unter Wasser und Schwänze zum Schwimmen. Zuerst ernähren sie sich vom gallertigen Laich, gehen aber bald zu Algen und kleinen Wasserpflanzen über. Mit zunehmendem Wachstum verlieren die Kaulquappen ihre Kiemen und entwickeln Lungen; nun müssen sie an die Oberfläche kommen, um Luft zu holen. Jetzt fressen sie auch Insekten. Mit sechs bis neun Wochen entwickeln sich ihre Hinterbeine, mit elf Wochen die Vorderbeine. Mit etwa zwölf Wochen hat sich der Schwanz zurückgebildet und es sind Miniaturfrösche entstanden. Diese verlassen das Wasser, um sich in der relativen Sicherheit der ufernahen Vegetation zu verstecken. Dieser als Metamorphose bekannte Prozess dauert insgesamt etwa 14 Wochen.

Obwohl so viele Eier gelegt werden, entwickeln sich nur fünf von mehreren Tausend Eiern zu erwachsenen Fröschen. Für den hohen Ausfall sind Fische, Vögel, Schlangen und räuberische Libellenlarven verantwortlich, und auch Kannibalismus kommt unter Kaulquappen vor, wie jeder, der einmal Laich zu Hause entwickeln ließ, weiß!

LAUB- UND RUDERFRÖSCHE
(Rhacophoridae, Hylidae)

Laub- und Ruderfrösche entstammen zwei Entwicklungslinien, den Rhacophoridae und den Hylidae, doch gemeinsam ist ihnen, dass sie an ein Leben in den Bäumen angepasst sind. Ihr Verhalten hat eine große Bandbreite, doch den Großteil ihres Lebens verbringen sie in Bäumen und Buschwerk, bis auf einige Unterarten, die eine andere Lebensweise wählten. Millionen Jahre an konvergenter Evolution führten dazu, dass sich die beiden Spezies in identischen Ökosystemen bewegen und einander daher stark ähneln. Tatsächlich sind sie, was ihre ökologische Nische betrifft, einander so ähnlich, dass in jenen Gebieten, in denen die eine Art vorkommt, die andere nahezu fehlt. Die heutige Verbreitung der beiden Spezies lässt darauf schließen, dass der letzte gemeinsame Vorfahre bereits lange vor den Dinosauriern ausgestorben ist.

Wie die Bezeichnung »Laubfrosch« andeutet, findet man diese Frösche in Bäumen und hohen Pflanzen. Normalerweise kommen sie nur zur Paarung auf den Boden, und einige bauen sogar Schaumnester auf Blättern, sodass sie als erwachsene Tiere die Bäume so gut wie nie verlassen.

Typischerweise sind Laub- und Ruderfrösche leuchtend grün, manche einfärbig, manche leicht gemustert. Dadurch sind sie in der Vegetation ihres Lebensraums vor den jeweiligen Fressfeinden ausgezeichnet getarnt. Viele dieser Frösche können jedoch

Wie andere Amphibien reagieren Laubfrösche sehr sensibel auf Veränderungen in ihrer natürlichen Umgebung, vor allem auf Umweltverschmutzung oder verstärkte menschliche Aktivität. Deshalb nützt man sie auch als »Indikatorspezies« für die Gesundheit bestimmter Weltregionen.

auch ihre Farbe bis zu einem bemerkenswerten Grad verändern und zeigen sich, wenn sie auf Baumrinde sitzen, zum Beispiel in einem Braungrauton.

Im Allgemeinen sind Laub- und Ruderfrösche sehr klein, weil Zweige und Blätter ihr Gewicht tragen müssen. Obwohl manche von ihnen bis zu 10 cm groß werden, kommen sie kaum je an die Größe von Grasfröschen (zu denen ironischerweise einige zählen, die den Hylidae, den »echten Laubfröschen« angehören) heran. Typisch für Laubfrösche sind Haftscheiben an den Spitzen von Fingern und Zehen; Letztere sind ebenso wie ihre Gliedmaßen relativ lang, wodurch sie gut zupacken können. Eine Rhacophoridae-Art kann sogar zwei Finger den anderen gegenüberstellen, wodurch ihr Griff stark wie ein Schraubstock wird.

Die Rhacophoridae oder Ruderfrösche werden »Altwelt-Laubfrösche« genannt und kommen in den Tropenregionen rund um den Indischen Ozean, in Afrika, Süd- und Südostasien bis zur Lydekker-Linie und in Indonesien vor, einige auch in Ostasien. Hylidae oder Laubfrösche findet man überall sonst – in den gemäßigten bis tropischen Gebieten Eurasiens, nördlich des Himalaya, in Australien und Amerika.

STRAHLENSCHILDKRÖTE
(Geochelone (Astrochelys) radiata)

Diese ist eine von mehreren Schildkrötenarten, die in den wärmeren Weltgegenden leben. Obwohl sie ursprünglich im Süden von Madagaskar beheimatet war und vor allem dort zu finden ist, trifft man sie auch in anderen Teilen dieser Insel sowie auf Réunion und Mauritius an.

Der hohe, gewölbte Panzer dieser Schildkröte wird, wie von anderen Arten auch, zum Rückzug genützt, wenn Gefahr droht. Vorder- und Hinterbeine sowie der Kopf können in die Sicherheit des Panzers eingezogen werden, bis die Gefahr vorüber ist. Der Nachteil des harten, schweren Panzers besteht darin, dass sich die Schildkröte bei der Suche nach Futterpflanzen nur langsam und schwerfällig fortbewegen kann. Als Pflanzenfresser ernährt sie sich zu 80 bis 90 Prozent von Gräsern, frisst aber auch Früchte und Saftpflanzen. Sie zählt zu den bedrohten Tierarten, vor allem weil der Mensch ihren Lebensraum zerstört, aber auch weil er Jagd auf ihr Fleisch macht und sie als Haustier verkauft.

Das Weibchen legt drei bis zwölf Eier in ein etwa 15 cm tiefes Loch, das es zuvor gegraben hat. Danach werden die Eier sich selbst überlassen. Bis zum Schlüpfen dauert es bei dieser Art bis zu 230 Tage. Beim Schlüpfen sind die weißlichen Babyschildkröten etwa 3,5 cm lang; sie müssen rasch unter Pflanzen Schutz suchen, damit sie nicht von Räubern, etwa Eidechsen, Schlangen und Vögeln, gefressen werden. Bald danach entwickeln die jungen Schildkröten den gleichen Schutzpanzer wie die erwachsenen Tiere.

Der Panzer dieser Schildkröte zeigt die leuchtend gelben Linien, die vom Zentrum jeder dunklen Fläche ausgehen und der Schildkröte ihren Namen geben.

NILKROKODIL
(Crocodilus niloticus)

Dieses große Krokodil – es wird bis zu 5 m lang – ist in weiten Teilen Afrikas zu finden, wo es an Flüssen, Seen und in Sümpfen lebt. Wie andere Krokodile ist es ein Räuber, der seiner Beute oft im Wasser auflauert und sich unbemerkt nähert, um dann blitzschnell und überraschend anzugreifen und das Opfer mit den Kiefern zu packen. Trotz ihrer beeindruckenden Fähigkeiten als Jäger können Krokodile überaus zärtlich und sanft sein, wenn es um ihren Nachwuchs geht.

Nach der Paarung legt das Weibchen zwischen 25 und 75 Eier in eine Mulde, die sie in Ufernähe gegraben hat. Dann bedeckt es die Eier und bewacht das Gelege drei Monate lang. Wenn die Jungen dann schlüpfen, aber noch im Nest liegen, rufen sie nach ihrer Mutter. Diese kommt, entfernt die schützende Erdschicht und hilft den Kleinen aus der Schale; vorsichtig öffnet sie auch Eier, die bis dahin noch nicht aufgebrochen wurden, damit die kleinen Krokodile herauskommen können.

Nun nimmt die Mutter die Babys sanft in ihr Maul und schiebt sie in eine spezielle Halstasche. Wenn ein Junges nicht richtig liegt, wird es in die Luft geschleudert und aufgefangen, sodass es dann an der richtigen Stelle liegt. Wenn alle Jungen sicher verstaut sind, trägt sie die Mutter an eine ruhi-

Wie alle Reptilien regulieren Nilkrokodile ihre Körpertemperatur über ihre Umgebung; sie verbringen ganze Tage damit, auf einer Sandbank in der Sonne zu baden und Hitze zu tanken, die sie über ihren Mund ablassen, wenn sie zu heiß werden.

ge Stelle in einem Altarm, wo sie sie aus dem Maul entlässt und scharf im Auge behält. Bald lernen die jungen Krokodile, nach Insekten und anderen kleinen Futterquellen zu schnappen. Sie bleiben mehrere Jahre lang bei ihrer Mutter und erklimmen sogar ihren Rücken, wenn Gefahr droht. Wenn es genügend Nahrung gibt, wachsen sie schnell und können in einem Jahr bis zu 30 cm an Länge zulegen.

LEDERSCHILDKRÖTE
(*Dermochelys coriacea*)

Als größte und schwerste aller Schildkröten besitzt die Lederschildkröte überlange Vorderflossen. Man findet sie in vielen warmen Ozeanen, da sie von ihrem Geburtsstrand bis zu ihren Futterplätzen weite Strecken zurücklegt. Auch wenn sie hauptsächlich in tropischen Gewässern vorkommt, trifft man sie gelegentlich auch in gemäßigten oder sogar subarktischen Gewässern an. Die Lederschildkröte lebt nahezu ausschließlich im Wasser, ernährt sich von Quallen und kommt nur kurz zur Eiablage an den Strand.

Zur Brunftzeit versammeln sich die Männchen in Strandnähe und versuchen, so viele Weibchen wie möglich zu befruchten. Die Paarung findet im Wasser statt, und damit ist die Mitwirkung der Männchen am Fortpflanzungsprozess auch gleich beendet. In der Nacht schwimmt das Weibchen an Land, hievt sich schwerfällig an den Strand und legt jenseits der Flutlinie bis zu 150 Eier in eine Kuhle im Sand. Diese bedeckt sie dann mithilfe ihrer Flossen mit Sand, dann schiebt sie sich wieder zurück in die sichere Brandung. Bis zum Schlüpfen vergehen 60 bis 70 Tage. Bei Nacht graben sich die kleinen Jungschildkröten aus und beginnen ihre gefährliche

Reise zum sicheren Meer. So schnell sie können, schieben sie sich über den Strand, doch viele fallen Seevögeln, Krabben und anderen Räubern zum Opfer. Selbst wenn sie das Meer erreichen, werden viele noch von Fischen und anderen Tieren gefressen. Die Jungen haben zunächst einen schuppigen Körper, doch bald bildet sich der charakteristische, gummiartig aussehende Lederpanzer der erwachsenen Schildkröten.

Auf dem nordamerikanischen Kontinent gibt es zwei große Futterplätze für Lederschildkröten; eines ist ein gut überwachtes Gebiet an der Mündung des Columbia-River, das andere liegt in Kalifornien.

KAPITEL DREI

VÖGEL

STRAUSS (*Struthio camelus*)

Der Strauß ist der schwerste Vogel der Welt und legt auch die größten Eier (mit 15 cm Länge). Er lebt in den Savannen und Halbwüsten Afrikas, wo er in den weiten Ebenen genügend Platz vorfindet, um seinen Feinden im schnellen Lauf zu entkommen. Sträuße leben in Gruppen und fressen fast alles, meist aber Pflanzen. Beliebt sind Feigen und Akaziensamen, doch auch Eidechsen, Insekten oder gar Mäuse werden nicht verschmäht.

Zur Brunftzeit eignet sich ein adultes Männchen die Herrschaft über ein Gebiet mit mehreren Weibchen an. Während er um diese balzt, legt er eine Gemeinschaftsmulde an. Nach der Paarung führt er das jeweilige

Weibchen zu dieser Kuhle, in die sie an jedem zweiten Tag bis zu insgesamt sieben glänzend weiße Eier legt, was demnach bis zu zwei Wochen dauert. Auch andere befruchtete Weibchen legen in diesem Nest ab, sodass dort schließlich an die 50 Eier liegen. Von diesen wird jedoch nur etwa die Hälfte schlüpfen, weil das dominante Weibchen seine Eier in die Mitte des Geleges schiebt und die anderen an den Rand drängt, wo sie meistens nicht ausreichend bebrütet werden.

Während des Tages brütet das Weibchen, nachts das Männchen. Diese Phase dauert etwa drei Monate. Wenn sie schlüpfen, sind die Küken mit gelbbraunen und dunkel gefleckten Daunen bedeckt, damit sie auf steinigem Boden gut getarnt sind. Innerhalb von drei Monaten wachsen ihre Federn;

das Gefieder eines erwachsenen Vogels haben sie jedoch erst mit zwei Jahren. Mit 18 Monaten sind die Jungen ausgewachsen, doch ihre Eltern und andere Vögel in der Gruppe kümmern sich noch immer um sie und verteidigen sie gegen Räuber. In diesem Fall drängen sich die Jungen eng zusammen und verstecken sich hinter anderen Vögeln. Mutter und Küken können sich anderen Familiengruppen anschließen, sodass manchmal 100 und mehr Jungvögel verschiedenen Alters mit adulten Vögeln unterwegs sind.

Strauße leben in nomadischen Gruppen von fünf bis 50 Vögeln und ziehen oft mit anderen Weidetieren wie Zebras oder Antilopen umher. Sie können mehrere Tage lang ohne Wasser auskommen und überleben aufgrund der Feuchtigkeit in Futterpflanzen.

KAISERPINGUIN
(*Aptenodytes forsteri*)

Mit seinen 1,20 m ist der Kaiserpinguin der größte unter den Pinguinen. Mit dem massigen Körperbau, dem dichten Gefieder und der dicken Speckschicht ist er ideal an den trostlosen, kalten Winter in der Antarktis angepasst – die härteste Umwelt auf dieser Erde. Der Kaiserpinguin paart sich auf dem Packeis, das den antarktischen Kontinent im Winter umschließt. Nach einer Phase, in der sie sich im Meer fett gefressen haben, um das kalte Wetter zu überstehen, treffen die Vögel im Frühling in den Brutkolonien ein. Sie verlassen das Meer und marschieren in langen Kolonnen zu den Brutplätzen, die 200 km weiter im Landesinneren liegen.

Dort bilden sich schnell Paare und das Weibchen legt Mitte Mai ein einziges weißes Ei. Im Unterschied zu den meisten anderen Pinguinen baut der Kaiserpinguin kein Nest. Stattdessen legt das Weibchen das Ei direkt auf das Eis. Sogleich legt sich das Männchen das Ei mithilfe seines Schnabels auf seine Füße und bedeckt es mit seinem Brutfleck. An diesem Teil seines Bauches hat er keine Federn, sodass er mit seiner Körperwärme das Ei wärmen kann. Außerdem umhüllt er das Ei mit seiner Bauchfalte.

Nach der Eiablage tritt das Weibchen den langen Weg zurück zum Meer an, um zu fressen. In dieser Zeit bleiben die Männchen alleine und bebrüten das Ei, bis die Weibchen zwei Monate später mit Futter zurückkommen. Ohne Unterschlupf und Futter, bis ihre Partnerinnen wiederkehren, können die Männchen in der bitteren Kälte nur herumstehen oder vorsichtig mit dem kostbaren Ei zwischen ihren Beinen umherwatscheln. Häufig schlüpft das Ei, bevor das Weibchen zurückkommt. Das Küken,

bei der Geburt fast nackt, wird vom Vater mit einer hochgewürgten, milchartigen Substanz gefüttert, auch wenn er selbst bereits ziemlich abgemagert ist. Wenn das Weibchen zurück ist, kann er selbst zum Meer zurückkehren, um zu fressen.

Während der kleine Pinguin wächst, erhält er ein dichtes, graues, flauschiges Federkleid, obwohl sein Köpfchen das typische Schwarz-Weiß-Muster der erwachsenen Tiere aufweist. Bald schließen sich die Jungen zu Gruppen fetter, watschelnder

Jungpinguine zusammen, die sich zusammendrängen, um einander zu wärmen. Noch immer sind sie in Sachen Futter von ihren Eltern abhängig und rufen sie mit einem für jedes Küken einzigartigen Pfeifton, sodass die Eltern sie unter den unzähligen gleich aussehenden Jungtieren wiedererkennen, wenn sie von ihren langen Futterreisen zurückkehren. Wenn der Sommer kommt, bekommen die Jungen ihr Erwachsenengefieder, das mit etwa 150 Tagen fertig ist. Nun ist es für die jungen Pinguine an der Zeit, selbst die Reise zum Meer anzutreten. Kaiserpinguin-Weibchen werden erst mit drei bis sechs Jahren geschlechtsreif, Männchen erst mit neun Jahren – daher dauert es einige Zeit, bis die jungen Pinguine so weit sind, um sich selbst auf die große Reise zurück zu den Brutplätzen zu begeben.

Es kann bis zu fünf Monate dauern, bis ein Küken sein jugendliches Federkleid erhält – das oft noch nicht fertig ist, wenn es die Kolonie verlässt und nicht mehr gefüttert wird.

HAUBENTAUCHER
(Podiceps cristatus)

Den Haubentaucher findet man in großen Gebieten Europas und Asiens ebenso wie in Teilen Südafrikas und Australiens, wo er an Teichen, Seen, Flüssen und Flussmündungen lebt. Oft sieht man ihn an der Wasseroberfläche schwimmend, bis er plötzlich verschwindet und kurz darauf mit einem Fisch im Schnabel wieder auftaucht. Außer von Fisch ernährt sich der Haubentaucher gelegentlich auch von seinen eigenen Federn und bietet sie sogar seinen Jungen an. Dies soll die Gedärme während der Verdauung vor den scharfen Schuppen und Gräten der Fische schützen; der Federball wird später gemeinsam mit Schuppen und Gräten in Form von Pellets hochgewürgt.

Haubentaucher finden sich im Winter zu Paaren zusammen. Zum Balzverhalten gehört, dass die beiden Vögel aufeinander zuschwimmen, ihre Köpfe schütteln und dabei eine Art Schmuck im Schnabel tragen – meist ein Zweig oder ein Stück Wasserpest – und sich dann im Wasser aufbäumen. Das kann mehrere Wochen dauern.

Das Nest ist eine schwimmende Anhäufung von Pflanzen zwischen Schilfhalmen oder ein vom Seegrund aus aufgebautes Gebilde. Meist werden die drei bis fünf schmutzigweißen Eier 28 Tage lang bebrütet. Die flaumigen Küken sind graubraun, mit zebraartigen schwarz-weißen Streifen

Erwachsene Haubentaucher sind in ihrem Sommergefieder mit dem auffälligen Kopf- und Halsschmuck unverwechselbar, doch auch die Jungen besitzen bemerkenswerte »Zebrastreifen« auf dem Kopf. Diese verlieren sie, wenn sie erwachsen werden.

auf dem Kopf. Nach dem Schlüpfen verlassen sie das Nest und verbringen die nächsten Wochen auf dem Rücken ihrer Eltern, wo sie es warm haben und in Sicherheit sind. Nun lernen sie, wie sie Fische fangen, obwohl sie nach wie vor gefüttert werden. Die erste Mauser setzt nach 70 bis 80 Tagen ein, dann erhalten sie ihr endgültiges Federkleid. Manchmal brütet ein Paar in der gleichen Saison ein zweites Mal.

HÖCKERSCHWAN (*Cygnus olor*)

Der stattliche Höckerschwan unterscheidet sich von anderen Schwänen durch seinen orangefarbenen Schnabel mit dem schwarzen Höcker am Ansatz. Diese großen Vögel bevölkern Seen, Flüsse und Flussmündungen in aller Welt, darunter Europa, Zentralasien, China, Nord- und Südamerika sowie Neuseeland und Japan. Mit seinem langen Hals kann der Schwan ins Wasser tauchen und unterhalb wachsende Wasserpflanzen fressen. Er frisst auch an der Wasseroberfläche und verschmäht auch Frösche, Insekten und andere Wassertiere nicht. Bei »Entenfütterungen« zeigt sich das opportunistische Wesen des Schwans, denn dann setzt er seine Muskeln ein, um die besten Stücke zu erhaschen. Oft nimmt er das Brot von denselben Menschen, die er dann zum Schutz seiner Jungen aggressiv anzischt.

Höckerschwan-Pärchen bleiben oft ein Leben lang zusammen. Das Terrritorium – ein großes Stück eines Sees oder eines Flus-

Junge Schwäne, die »hässlichen grauen Entlein«, sind nicht so strahlend weiß wie ihre Eltern, und auch ihr Schnabel ist im ersten Lebensjahr nicht orange, sondern schwarz. Sie selbst sind grau bis gelbbraun.

ses – wird vom Männchen energisch verteidigt, indem es Eindringlinge mit gebogenem Hals und ausgebreiteten Schwingen verjagt. Gemeinsam baut das Paar ein Nest aus Pflanzen in Ufernähe (1 m tief, 2 m Durchmesser), in das fünf bis sieben grau

gesprenkelte Eier gelegt werden, die das Weibchen rund 35 Tage lang bebrütet. Wenn sie das Nest verlässt, deckt sie die Eier sorgfältig mit Pflanzen zu. Die Eltern teilen sich die Brutpflegeaufgaben; die Jungschwäne gehen schon wenige Tage nach dem Schlüpfen erstmals ins Wasser. Die Jungvögel haben zunächst kurze Hälse und ein graubraunes, flauschiges Federkleid. Manchmal suchen sie Schutz auf dem Rücken oder unter den Schwingen ihrer Eltern. Sie bleiben stets in der Nähe ihrer Eltern und behalten ihr braunes Jugendgefieder bis zu ihrem zweiten Lebensjahr, wobei die erste Mauser mit etwa 150 Tagen einsetzt.

STOCKENTE (*Anas platyrhynchos*)

Die Stockente ist vermutlich die bekannteste und verbreitetste Wildentenart der Welt. Man findet sie in Europa ebenso wie in Nordamerika sowie in Teilen Asiens und Afrikas. Wenn Leute Enten füttern gehen, sind sie oft die Nutznießer, wenn sie eifrig heranschwimmen, um das Beste von dem zu erhaschen, was angeboten wird. Manchmal

nehmen sie das Futter sogar aus der Hand. In der Natur besteht ihre Ernährung aus kleinen Wasserpflanzen und Wassertieren, die sie manchmal an der Wasseroberfläche erwischen, manchmal tauchen sie aber auch danach und strecken ihren Hals unter Wasser nach Futterhäppchen aus.

Stockenten verbringen die meiste Zeit auf dem Wasser, doch da sie in steilem Winkel starten und landen können, benötigen

sie nur eine kleine Wasserfläche – mit ein Grund dafür, dass sie so verbreitet sind. Man findet sie auf Seen und Teichen, an Flüssen und Strömen. Zur Brutzeit nisten die Enten paarweise oder in kleinen Gruppen. Der Erpel hat in seinem prächtigen Brutkleid einen glänzend grünen Kopf, einen weißen Halsring sowie gekräuselte schwarze Schwanzfedern. Die meisten Nester werden in Ufernähe auf dem Boden ge-

baut, doch einige werden in der Krone eines niedrigen Baumes oder in Astlöchern errichtet. Die Ente legt sechs bis 14 graugrüne Eier, jeden Tag ein paar. Dann macht sich der Erpel auf, um andere Enten zu umwerben, während Brüten und Brutpflege dem Weibchen überlassen bleiben.

Die jungen Stockenten schlüpfen nach 27 oder 28 Tagen, und wie die meisten kleinen Enten sind sie gut entwickelt, damit sie

das Nest, wo sie Räubern schutzlos ausgeliefert sind, rasch verlassen und sich in die relative Sicherheit des Wassers flüchten können. Die Entchen schlüpfen mit offenen Augen und braun-cremefarbenem Gefieder. Sobald alle geschlüpft sind, folgen sie ihrer Mutter aus dem Nest und ins Wasser, wo sie mehr oder weniger hineinfallen und nach dem Auftauchen gleich zu schwimmen beginnen. Danach folgen sie ihrer Mutter nahezu überallhin und schwimmen häufig schnatternd in einer Linie hinter ihr her. Im Wasser lernen sie, sich selbst um ihr Futter zu kümmern; sie richten sich auf und flattern mit den Flügeln, um jene Muskeln zu stärken, die sie später zum Fliegen benötigen. Sie wachsen schnell und mausern sich nach 50 bis 60 Tagen, doch leider schaffen es viele Entchen nicht bis zum Erwachsenenleben. Sie fallen Räubern zum Opfer oder dem Straßenverkehr, wenn sie die gefährliche Reise zurück an Land antreten. Stockenten werden mit etwa einem Jahr geschlechtsreif.

Stockenten paaren sich oft mit ihren nächsten Verwandten, der amerikanischen Dunkelente, und auch mit weniger nahen Verwandten, wodurch zahlreiche Kreuzungen entstehen, die auch fruchtbar sein können.

BRAUTENTE (*Aix sponsa*)

Die hübsche Brautente oder Carolina-Ente ist im Osten der Vereinigten Staaten, im mittleren Westen sowie im Westen verbreitet. Sie bevorzugt bewaldete Sumpfgebiete, Marschland, flache Teiche und langsam fließende Gewässer. Im Unterschied zu anderen Enten besitzt die Brautente Krallen an den mit Schwimmhäuten versehenen Füßen. Damit kann sie auf Bäumen sitzen. Tatsächlich benötigt sie Bäume in Wassernähe, da sie auch auf diesen nistet. Brautenten fressen hauptsächlich Samen, Nüsse und Wasserpflanzen.

Die Paarung findet zu Beginn des Frühlings statt. Die Ente sucht einen Ort hoch in einem Baum aus, wobei sie die von Spechten ausgehöhlten Stämme bevorzugt. Sie legt neun bis 15 Eier. Wenn sie keine geeignete Nisthöhle finden, so legen die Enten ihre Eier auch in das Nest einer Nachbarin. Brautenten bevorzugen Nistplätze, die über dem Wasser hängen, doch es sind auch schon Nistplätze in bis zu 90 m Entfernung vom Wasser vorgekommen. Die Brutzeit dauert 30 Tage. Anders als bei anderen Entenarten bleibt der Erpel bis zum Ende der

Brutzeit bei der Ente und verlässt sie erst, wenn die Küken geschlüpft sind.

Nach dem Schlüpfen bleiben die Entchen etwa 24 Stunden im Nest. Dann klettern die mit braungrauen Daunen bedeckten Küken eines nach dem anderen mit ihren winzigen Krallen zum Eingang der Nisthöhle und stürzen sich in die Luft. Zu diesem Zeitpunkt können sie noch nicht fliegen, doch wenn das Nest über dem Wasser hängt, ist die Landung weich, wenn auch nass. Andernfalls fallen sie zu Boden und machen sich dann auf schnellstem We-

Brautenten sind in Osttexas und anderen südlichen Regionen ganzjährig ansässig, doch die Bestände im Norden ziehen im Winter in den Süden der USA, um an der Atlantikküste zu überwintern.

ge auf zum Wasser, wo sie sich ihrer Mutter anschließen. Von Anfang an sind die Entchen in der Lage, sich selbst zu ernähren, und ein paar Wochen lang nehmen sie hauptsächlich Insekten und kleine Fische zu sich. Mit etwa sechs Wochen fressen sie auch Wasserpest und andere Pflanzen.

SCHNEEEULE (*Bubo scandiacus*)

Die Schneeeule sucht in der arktischen Tundra nach Beute, denn sie lebt in den kalten Regionen Nordamerikas, Skandinaviens und Asiens. Sie besitzt ein dichtes Federkleid, das sie vor der bitteren Kälte schützt. Erwachsene Männchen sind fast völlig weiß mit ein paar dünkleren Stellen; Weibchen haben ein dunkelbraun gestreiftes Gefieder und längere Krallen. Schneeeulen verfügen über stechende gelbe Augen und ernähren sich von Lemmingen, Wühlmäusen, Kaninchen, Wildvögeln und sogar Insekten, die sie mit ihren scharfen Krallen ergreifen. Im Unterschied zu anderen Eulen jagen sie meist tagsüber.

Weil das Futter oft knapp ist, haben Schneeeulen große Territorien; in der dünnen arktischen Luft sind die Balzrufe des Männchens kilometerweit zu hören. Über dem erwählten Nistplatz vollführt er gewagte Flugmanöver und bringt seiner po-

Die in Nordamerika auch als »Große weiße Eule« bekannte Schneeeule galt als einziges Mitglied einer eigenständigen Gattung, als Nyctea scandiaca, *doch jüngste DNA-Tests zeigten eine enge Verwandtschaft mit der Gattung Bubo.*

tenziellen Partnerin Lemminge als Ge-
schenk, um seine Jagdkünste zu demons-
trieren und zu zeigen, dass er sie während
des Brütens mit Futter versorgen wird. Da
es in der Tundra keine Bäume gibt, nisten
Schneeeulen auf dem Boden in einer Kuhle.
Das Weibchen legt drei bis neun Eier
(manchmal mehr) und bebrütet sie 31 bis
33 Tage. Einer der Hauptfeinde ist der Po-
larfuchs; wenn sich einer nähert, versucht
das Weibchen, ihn vom Nest fortzulocken,
indem sie davonhüpft, als ob sie verletzt
wäre, und ihn damit zum Folgen verleitet.

Da die Henne die Eier nach und nach
legt, schlüpfen die Küken nicht zugleich;
dadurch sind die älteren, stärkeren Eulen-
kinder im Vorteil, wenn Futterknappheit
herrscht. Wenn sich die jungen Eulen mithilfe des Eizahns aus dem Ei befreien, sind
sie mit einem dünnen weißen Flaum bedeckt, der nach zehn Tagen von grauen Federn abgelöst wird. Mit vier Wochen verlassen die Jungen das Nest, obwohl sie noch
nicht fliegen können; es dauert rund 50 Tage, bevor sie ihr vollständiges Federkleid
haben und zu fliegen beginnen. Mit 60 Tagen können die Eulen für sich selbst sorgen.

SCHLEIEREULE (*Tyto alba*)

Der durchdringende nächtliche Schrei der Schleiereule erklingt in aller Welt. Diese Vögel bevorzugen Weide- und Grasland und benötigen geeignete Gebäude und hohle Bäume, in denen sie nisten können. Leider sind durch die intensive Landwirtschaft viele passende Nistplätze und Jagdgründe mitsamt Wühlmäusen, Mäusen, Vögeln, Reptilien, Insekten und Fröschen vernichtet worden. Wie die meisten Eulen jagen Schleiereulen nachts oder in der Dämmerung; sie sind exzellent dafür ausgestattet und können mit ihrem feinen Gehör das geringste Geräusch wahrnehmen und ihre Beute orten, während sie mit ihren großen Augen das Restlicht einfangen. Durch spezielle Federn mit weichem Rand können sie nahezu lautlos fliegen, sodass das Opfer ihren Anflug kaum je bemerkt. Dann stürzen sie hernieder, ergreifen mit den großen Krallen ihre Beute und tragen sie davon.

Schleiereulen nisten gern in alten Bauernhöfen, wo sie auf dem Heuboden ideale Bedingungen vorfinden. Das Weibchen legt im Abstand von ein bis drei Tagen insgesamt etwa sechs Eier (manchmal bis zu einem Dutzend), aus denen nach jeweils 33 Tagen Jungeulen schlüpfen. Wenn die Eltern Nahrung bringen, werden die größten Jungen zuerst gefüttert, wodurch sie die größten Chancen haben, zu überleben. Bei extremer Futterknappheit kann es vorkommen, dass die jüngsten von ihren älteren Geschwistern gefressen werden. Die verbleibenden Eulen bekommen anstelle ihrer weißen Daunen nach 55 bis 65 Tagen das wunderschöne weiß-gold-graue Federkleid der erwachsenen Schleiereulen.

Da die Ohren asymmetrisch angeordnet sind, können Schleiereulen Geräusche besser orten und benötigen zum Jagen ihre Augen nicht: Mit tödlicher Genauigkeit orten sie ihre Beute, stürzen herab und ergreifen sie.

SILBERMÖWE (*Larus argentatus*)

Die Silbermöwe findet man in Nordamerika, Mittelamerika, Europa und Asien, wo sie über Strände, um Klippen und hohe Gebäude fliegt und im Winter auch im Landesinneren zu sehen ist. Sie ist, was ihr Futter betrifft, nicht wählerisch und frisst ebenso gern Fisch und andere Meerestiere wie sie

Touristen um Essensreste anbettelt oder Abfälle durchstöbert. Ihre Statur ist gedrungen, Rücken und Flügel sind grau und der Rest des Gefieders weiß. Die Flügel weisen schwarze Spitzen und weiße Punkte auf. Der kräftige Schnabel ist gelb und hat an der Spitze einen roten Fleck.

Bevorzugt brüten sie auf der Spitze von Klippen, sie nehmen aber auch Dächer in

Die amerikanische Silbermöwe, Larus smithsonianus, *ähnelt starkt der* Larus argentatus, *doch die unreifen Vögel sind dünkler und von einem einheitlicheren Braun.*

Strandnähe. Zur Brutzeit stoßen die Männchen laute, heisere Ruf aus, die in einem Strecken des Halses kulminieren. Das Nest

besteht aus Zweigen und anderen verfügbaren Materialien wie Seetang und Gräsern. Das Weibchen legt zwei bis drei braun gefleckte Eier, die von beiden Eltern bebrütet werden. Die braun-weiß gefleckten Küken werden von ihren Eltern mit hochgewürgter Nahrung versorgt. Zu diesem Zweck pecken die Jungen auf den roten Fleck am Schnabel des Elterntiers. Die erste Mauser setzt mit 35 bis 40 Tagen ein; nun erhalten die Jungvögel ein gestreiftes braunes Federkleid und dunkle Schnäbel. Erst mit vier Jahren erlangen sie die Färbung der erwachsenen Vögel.

BLAUMEISE (*Parus caeruleus*)

Die leicht zu erkennende Blaumeise lebt in Wäldern, Parks und Gärten und tritt oft in Schwärmen auf. Die azurblaue Krone und die dunkelblauen Linien durch die Augen und rund um die weißen Wangen bis zum Kinn verleihen diesem hübschen Vogel sein charakteristisches Aussehen. Man findet ihn in ganz Europa, Großbritannien, Nordafrika und im Nahen Osten. Sein Futter besteht aus Insekten, Raupen, Nüssen und Samen, die er sich oft auf akrobatische Weise aneignet – eine Lieblingsstellung besteht darin, kopfüber an einem Futtersäckchen zu hängen.

Bevorzugte Nistplätze sind Löcher in hohlen Bäumen und anderen geeigneten Stellen. Meisen können einen Riss in einem

Kamin vergrößern, um dort ihr Nest zu bauen, sie nehmen aber auch Nistkästen gerne an. Das tassenförmige Nest wird zu Beginn des Frühjahrs gebaut und mit Moos, Federn, Wollfasern und Tierhaaren ausgepolstert. Im April und Mai werden bis zu 13 Eier darin abgelegt. Diese werden zwölf bis 16 Tage lang vom Weibchen bebrütet, während das Männchen ihm Nahrung bringt. Nachdem die Küken geschlüpft sind, übernehmen beide Eltern die Fütterung. Wenn ein Elternteil mit Futter am Nest eintrifft, blickt er auf eine Ansammlung weit aufgesperrter, hungriger Schnäbel! Mit etwa 19 Tagen kommen die Küken in die Mauser, danach unternehmen sie eines nach dem anderen den ersten Flug.

Die Blaumeise hilft bei der Bekämpfung von Gartenschädlingen; auf der Suche nach Insekten zerpflückt sie aber auch gerne junge Knospen. Allerdings vernichtet keine Spezies mehr Schild- und Blattläuse, die schlimmsten Feinde vieler Pflanzen, sowie auch Minierlarven.

KAPITEL VIER

SÄUGETIERE

VIRGINIA-OPOSSUM
(*Didelphis virginiana*)

Das Virginia- oder Nordopossum ist der einzige Vertreter der Beutelrattenfamilie in Nord- und Mittelamerika nördlich von Mexiko. Es ist etwa so groß wie eine Katze, hat kurze Beine, einen mausähnlichen Kopf mit einer langen, spitzen Schnauze sowie fleckiges weiß-graues oder braunes Fell. Mit dem Schwanz kann es sich beim Klettern an Zweigen festklammern.

Diese Opossums sind nachtaktiv und die meiste Zeit ihres Lebens Einzelgänger. Sie jagen Insekten und kleine Tiere, fressen aber auch Früchte, Eier und Abfälle. Wenn sie in die Enge getrieben werden, sind sie grimmige Kämpfer, doch sie haben auch andere Tricks auf Lager: Sie können sich auf beeindruckende Weise tot stellen, wenn nichts anderes mehr hilft, indem sie sich mit offenem Mund zur Seite fallen lassen und völlig bewegungslos liegen bleiben. So können sie Stunden ausharren und dabei eine stinkende Analflüssigkeit absondern. »Playing opossum« ist in den USA bereits zur Redewendung geworden.

Für ihr Nest stopfen sie Blätter in Baumhöhlen. Das Weibchen wirft zweimal pro Jahr, wobei jedes Mal nach rund zwölf

TIERBABYS

Tagen Tragezeit bis zu 18 Junge geboren werden. Virginia-Opossums sind Beuteltiere, das heißt, dass die Jungen in einem sehr frühen Entwicklungsstadium zur Welt kommen und ihr Wachstum in einer speziellen Tasche fortsetzen. In diesem Beutel hängen sie an Zitzen und trinken Milch, doch nur etwa sieben Junge überleben. Mit drei Monaten werden sie entwöhnt und verlassen den Beutel, auch wenn sie sich in den folgenden vier bis sechs Wochen noch auf dem Rücken ihrer Mutter festklammern.

Das Virginia-Opossum ist das »Original-Opossum«; das Wort stammt aus dem Algonkin und bedeutet »weißes Tier«. Australische Possums, die wegen ihrer Ähnlichkeit so genannt wurden, sind ebenfalls Beuteltiere, jedoch aus der Gattung Diprotodontia.

KOALA (*Phascolarctos cinereus*)

Obwohl er wie ein komischer Bär mit ausgefransten Ohren aussieht, ist der süße Koala bei allen Menschen beliebt. Auch er ist ein Beuteltier, das seine winzig geborenen Jungen in einem Beutel am Körper der Mutter aufzieht. Als Baumbewohner verlässt er selten die Sicherheit der ostaustralischen Wälder, wo er sich fast ausschließlich

von Eukalyptusblättern und -knospen ernährt.

Der Koala lebt einzeln oder in kleinen Gruppen, wobei ein Männchen meist einen Harem aus mehreren Weibchen um sich schart. Nach der Paarung im Sommer bringt das Weibchen nach rund einem Monat ein einzelnes Junges zur Welt. Sofort nach der Geburt macht sich dieses auf dem Weg in den Beutel, wo es sich an einer Zitze festsaugt und fünf bis sechs Wochen bleibt. Dann verlässt es den Beutel, wird jedoch noch weitere vier bis fünf Monate auf dem Rücken seiner Mutter mitgetragen. Nach der Entwöhnung wird der junge Koala mit halbverdauten Blättern gefüttert.

Obwohl taxonomisch inkorrekt, wird die Bezeichnung »Koalabär« außerhalb von Australien noch immer verwendet, weil der Koala so stark an einen Teddybären erinnert.

SÄUGETIERE

NACKTNASENWOMBAT
(Vombatus ursinus)

Das Nacktnasenwombat ist ein kräftiges, dachsähnliches Beuteltier, das im Wald- und Buschland Ostaustraliens und Tasmaniens lebt. Es hat ein graubraunes Fell, einen breiten Kopf mit kleinen Ohren und einen sehr kurzen Schwanz. Da es Baue gräbt, sind seine Beine extrem kräftig und mit starken Klauen ausgestattet. Die weit-

läufigen Tunnelsysteme des Wombats erstrecken sich oft über zwölf und mehr Meter. Als Pflanzenfresser ernährt es sich hauptsächlich von Gräsern, an die seine Verdauungsorgane optimal angepasst sind.

Das Weibchen bringt im Herbst für gewöhnlich ein Junges zur Welt, das dann den Weg in den Beutel der Mutter bewältigt. Dort hängt es sich an eine der beiden Zitzen und ernährt sich etwa drei Monate lang von der Muttermilch. Wenn das junge

*Die Bass-Strait-Subspezies (*Vombatus ursinus ursinus*) findet man nur auf Flinders Island nördlich von Tasmanien. Sie steht als gefährdet im Environment Protection and Biodiversity Conservation Act 1999 und auf der Roten Liste der World Conservation Union.*

Wombat den mütterlichen Beutel verlässt, sucht es noch einige Monate lang gemeinsam mit seiner Mutter nach Futter, bevor es in sein eigenes Leben aufbricht.

HÜBSCHGESICHT-WALLABY
(*Macropus parryi*)

Im Englischen auch »Blauer oder Grauer Flieger« genannt, sieht man sofort, warum das Hübschgesicht-Wallaby so heißt. Der Schwanz ist im Unterschied zu anderen Wallabys sehr lang und wird auch wie eine Peitsche geschwungen. Das Fell ist hellbraun bis grau, wobei es im Gesicht schwarze und weiße Streifen trägt; an den Ohren hat es weiße Spitzen, an den Hüften weiße Streifen.

Das Weibchen wird mit 18 bis 24 Monaten geschlechtsreif, junge Männchen erhalten jedoch selten die Chance zu einer Paarung, bevor sie zwei oder drei Jahre alt sind, da sie meist vom dominanten Männchen der Gruppe in Schach gehalten werden. Nach fünf Wochen Tragezeit bringt das Weibchen ein Junges zur Welt, das sofort in den Beutel der Mutter klettert und sich dort an einer ihrer vier Zitzen festsaugt. Es bleibt dort acht bis neun Monate, wird aber insgesamt 15 Monate lang gestillt. Mit etwa zwei Jahren ist das Junge ausgewachsen und verlässt langsam seine Mutter.

Diese geselligen Tiere leben in Gruppen von bis zu 50 Exemplaren. Sie kommen am häufigsten im Norden von Neusüdwales und im Süden von Queensland vor, sind aber auch weiter im Norden und sogar in Cooktown zu finden. Hübschgesicht-Wallabys ernähren sich hauptsächlich von Gräsern, Farnen und kleinen einheimischen Pflanzen, wobei sie wegen der Hitze meist frühmorgens und abends auf Futtersuche gehen. In den heißesten Stunden des Tages rasten sie im Schatten, doch wenn es kühler ist, fressen sie auch den ganzen Tag. Ihr bevorzugter Lebensraum ist hügeliges Gelände mit kleinen Wäldern und Wiesen.

Das Hübschgesicht-Wallaby trinkt nur bei extremer Trockenheit; was es braucht, erhält es aus den Futterpflanzen.

ÖSTLICHES GRAUES RIESEN-KÄNGURU (*Macropus giganteus*)

Das Östliche Graue Riesenkänguru sieht seinem Verwandten, dem Roten Riesenkänguru, sehr ähnlich, auch wenn es mit einer Wuchshöhe von 1,5 bis 1,8 m etwas kleiner ist als dieses. Am relativ kleinen Kopf sitzen große Ohren und sein Fell ist etwas rauer und krauser als das des Westlichen Grauen Riesenkängurus. Seine Farbe variiert von grau bis braun, die Unterseiten von Bauch, Beinen und Schwanz sind weiß. Der Schwanz ist 1,2 m lang und sehr stark; er dient beim Laufen der Balance und als Stütze beim Aufrechtstehen. Die Hinterbeine sind muskulös, die Hinterfüße lang und sehr breit; im Gegensatz dazu sind die Vorderbeine kurz. Die kleinen, fünfgliedrigen, handähnlichen Vorderpfoten können Objekte ergreifen. Bis zur Reife behalten die Weibchen die Jungen in ihrem Beutel und kommunizieren mit ihnen mittels Quietsch- und Glückslauten.

Ihre Geschlechtsreife erreichen Östliche Graue Riesenkängurus mit 18 bis 24 Monaten. Die Paarungszeit dauert vom Frühling bis zum Frühsommer, und nach einer Tragezeit von 30 bis 38 Tagen wird meist ein einzelnes Junges geboren, das nur 2,5 cm groß ist. Es klettert sofort in den Beutel der Mutter, saugt sich an einer Zitze fest und bleibt fast ein Jahr lang an Ort und Stelle. Auch wenn es den Beutel verlassen hat, kommt es zurück, um gestillt zu werden, bis es etwa 18 Monate alt ist.

In Australien nennt man männliche Kängurus auch »Boomer« (»Dröhner«), Weibchen »Does« (»Ricke«), Junge »Fliers« (»Flieger«) und Babys »Joeys«. Als »Mobs« bezeichnete Gruppen werden von matriarchalen Weibchen dominiert, die mit anderen Weibchen und deren Jungen zusammenleben.

ZWEIFINGERFAULTIER
(*Choloepus didactylus*)

Nur wenige Tiere fühlen sich in den Bäumen so wohl wie das Zweifingerfaultier. Es verbringt fast sein ganzes Leben von Ästen hängend, an denen es sich mit seinen enormen Krallen festklammert. An diese Kopfüber-Lebensweise ist es perfekt angepasst, sogar sein Fell wächst in die verkehrte Richtung. Wegen der Algen, die darin wachsen, schimmert es grün, wodurch es in den Wäldern Südamerikas umso besser getarnt ist. In der Kopfüber-Stellung frisst, schläft und kotet es und so bringt es auch seine Jungen zur Welt. In den Bäumen bewegt sich das Faultier langsam und zielgerichtet, während es Blätter, Früchte und Äste frisst. Auf dem Boden schleppt es sich noch langsamer dahin, doch es kann gut schwimmen. Es ist großteils nachtaktiv.

Faultiere können sich das ganze Jahr über paaren. Nach 260 Tagen bringt das Weibchen ein einziges Junges zu Welt, das natürlich ebenfalls an das Leben in den Bäumen angepasst ist und sich etwa einen Monat lang fest an seine Mutter klammert. Wenn es abgestillt ist, klammert es sich weitere sechs Monate fest, während es sich bereits selbst aus den Blättern der umgebenden Bäume bedient.

GEGENÜBER: Ein Baby-Faultier klammert sich um sein Leben an der Mutter fest.

OBEN: Dieses jugendliche Faultier versorgt sich bereits selbst im Geäst.

BRAUNBRUSTIGEL
(*Erinaceus europaeus*)

Leider kommt es zu den meisten Igelsichtungen aufgrund von Verkehrsunfällen, doch dieses stachelige Säugetier ist ein häufiger nächtlicher Gast in Vorstadtgärten, wo man hört, wie er den Boden nach Würmern und anderen Wirbellosen durchwühlt. Kopf und Körper des Igels sind an der Oberseite mit Stacheln bedeckt; bei Gefahr rollt er sich zu einem Stachelball zusammen, wodurch er für einen potenziellen Räuber als Beute unattraktiv wird. Sein Verbreitungsgebiet umfasst Großbritannien und weite Teile Europas einschließlich Skandinaviens, wo er in Hecken und Waldgebieten eine natürlichere Heimat findet.

Der Braunbrustigel wirft – abhängig von den Wetterbedingungen – ein- bis höchstens zweimal pro Jahr. Jeder Wurf umfasst etwa fünf Junge, die nach einer Tragezeit von 35 Tagen in einem Nest aus Blättern, Gräsern und Zweigen zur Welt kommen. Die winzigen tauben und blinden Babys werden mit ihren Stacheln geboren, die jedoch unter der Haut eingeschlossen sind, damit die Mutter bei der Geburt nicht verletzt wird. Wenige Stunden später richten sich die weißen Stacheln auf. Bereits mit zwei bis drei Wochen können sich die Jungen zu Stachelbällen einrollen, mit fünf Wochen werden sie entwöhnt. Danach fressen die Kleinen angesichts des bevorstehenden Winterschlafs so viel wie möglich.

Igel durchwühlen, ähnlich wie Schweine, den Boden auf der Suche nach Futter. Das geschieht nicht geräuschlos, man hört sie häufig schnüffeln und grunzen.

INDISCHER RIESENFLUGHUND
(*Pteropus giganteus*)

Mit einer Flügelspannweite von rund 1,5 m sind diese Riesenflughunde die größte Fledertierart. Flughunde erhielten ihren Namen wegen ihres braunen bis rötlichen Fells und ihren hundeartigen Gesichtern. Den Riesenflughund findet man in den Wäldern Süd- und Südostasiens, wo er in großen Gruppen lebt. Diese bestehen oft aus Tausenden Tieren, die tagsüber in großen Bäumen rasten und bei Einbruch der Dämmerung in riesigen Schwärmen auf Futtersuche ausfliegen. Sie besitzen spitze Zähne, mit denen sie Früchte wie Mangos aufbrechen können, um an das Fruchtfleisch zu gelangen, während sie gleichzeitig die Samen ausspucken.

Diese Spezies ist polygynandrisch, das heißt, dass es keine Paarbindungen zwischen Weibchen und Männchen gibt. Die Weibchen werden von jenen Männchen verteidigt, die im selben Schlafbaum leben. Zur Paarung kommt es zwischen Juli und Oktober, wobei das Weibchen für gewöhnlich schreit und sich den Annäherungen des Männchens widersetzt. Die Jungen werden nach einer Tragezeit von 140 Tagen zwischen Februar und März geboren. Die ein bis zwei Babys werden in den ersten drei Lebenswochen von der Mutter getragen. Danach rasten sie selbst an Ästen, obwohl sie noch von ihrer Mutter zu den Futterplätzen transportiert werden. Mit fünf Monaten werden sie entwöhnt. Männchen spielen bei der Aufzucht keine Rolle.

RECHTS: Babyflughunde werden von ihrer Mutter transportiert, bis sie stark genug sind, sich selbst an Äste zu hängen.

GEGENÜBER: Es gibt viele Flughundarten; hier sieht man eine schwarze Flughundfamilie (Pteropus alecto) aus Australien.

KATTA (*Lemur catta*)

Dieser Primat hat einen charakteristischen buschigen, schwarz-weiß geringelten Schwanz, der länger ist als das Tier selbst. Kattas haben eine spitze Schnauze, große leuchtende Augen und dreieckige Ohren. Wie alle Lemuren kommen sie nur auf Madagaskar vor, wobei Kattas im Süden der Insel beheimatet sind, wo sie in trockenen, felsigen Gebieten leben, in denen vereinzelt Bäume wachsen.

Kattas leben in Gruppen zu rund 20 Tieren, obwohl diese gelegentlich auch bis zu 40 Tiere umfassen können. Sie sind tagaktiv und besetzen ein Territorium, indem sie es mit Duftstoffen aus speziellen, über den ganzen Körper verteilten Drüsen markieren. Den Kern der Gruppe bilden die Weibchen mit ihren Jungen, die Männchen ziehen von Gruppe zu Gruppe. Kattas sind also als matriarchale Gesellschaft organisiert, in der Weibchen über Männchen dominieren, was für Primaten sehr ungewöhnlich ist. Kattas ernähren sich von Früchten, Borken und Blättern.

Nach einer Tragezeit von 120 Tagen bringt das Weibchen ein Junges, selten zwei, zur Welt. Das Junge wird mit Fell und offenen Augen geboren. Zunächst klammert es sich an den Bauch der Mutter, während diese das Territorium durchstreift, doch nach zwei Wochen wechselt es auf ihren Rücken. Mit sechs Monaten können die jungen Lemuren für sich selbst sorgen.

Die Bezeichnung »Lemuren« wurde von Biologen gewählt, weil die Schreie mancher Lemurenarten angeblich die Geister der Toten, der lemures *aus der römischen Mythologie, heraufbeschwören würden. Der Name Katta entstand, weil die Schnurrlaute der ringelschwänzigen Halbaffen denen der heimischen Hauskatzen ähneln.*

GROSSOHR-RIESENGALAGO
(*Otolemur crassicaudatus*)

Galagos, auf Englisch auch »Bushbabies«, gehören zu einer Gruppe von Primaten, die in Afrika und Südasien vorkommt. Vor allem zur Brunftzeit stoßen Galagos einen Schrei aus, der stark an den eines weinenden Babys erinnert. In Ländern wie Somalia, Kenia und Südafrika bewohnen Galagos Wälder, Savannen und Plantagen, wo die geschickten Kletterer einen Großteil ihres Lebens in den Bäumen verbringen. Mit den speziell angepassten Pfoten können sie sich an Ästen festklammern, mit ihren großen Augen und den empfindlichen Ohren orten sie ihr Futter.

Galagos sind nachtaktiv und fressen Verschiedenstes, etwa Reptilien, Vögel und deren Eier sowie Insekten. Im Sprung ergreifen sie ihre Beute und erledigen sie dann mit einem Biss. Galagos leben für gewöhnlich in Gruppen, die aus einer Mutter mit ihren Jungen bestehen. Sie ziehen auf Futtersuche umher, schließen sich aber häufig anderen Gruppen an, um mit ihnen den Tag zu verschlafen. Oft markieren sie ihre Routen und Territorien mit Duftnoten.

Weibchen bringen zwischen Mai und Oktober ein bis drei Jungen zur Welt, die bei der Geburt bloß 14 g wiegen. In den ersten Lebenstagen trägt die Mutter die Jungen mit den Pfoten oder dem Maul stets bei sich oder lässt sie an sich hängen. Später lässt sie sie manchmal in ihrem Nest zurück, das sie in einer Astgabel gebaut hat, um jagen zu gehen. Nach sechs Wochen beginnt die Entwöhnung der Jungen und mit zwei Monaten können sie sich selbst ernähren. Sie wachsen schnell, was es für die Mutter schwierig macht, sie weiterhin herumzutragen.

Galagos kommen relativ häufig vor und sind nicht unmittelbar vom Aussterben bedroht.

GOLDSTUMPFNASE
(*Rhinopithecus roxellana*)

Dieser Altweltaffe kommt nur in einer gemäßigten gebirgigen Waldregion in Zentralchina vor, vor allem im Sichuan-Becken, wo er den chinesischen Namen Goldhaariger Sichuan-Affe trägt. In diesem Gebiet gibt es häufig Schnee, doch die Goldstumpfnasen können tiefere Temperaturen ertragen als alle anderen nicht-menschlichen Primaten. Je nach Jahreszeit variiert ihre Ernährung, doch im Wesentlichen nehmen diese Pflanzenfresser Flechten zu sich. Sie sind tagaktiv und verbringen 97 Prozent ihrer Zeit im Blätterdach der Wälder. Man schätzt ihre Zahl auf 8000 bis 15000; Goldstumpfnasen sind wegen der Vernichtung ihres Lebensraums vom Aussterben bedroht.

Das Vorkommen der Goldstumpfnasen ist auf die Bergregionen von nur vier chinesischen Provinzen beschränkt: Sichuan, Gansu, Shaanxi und Hubei. Auch wenn die Schutzgebiete auf den ersten Blick größer sind als für das Überleben einer solchen Art erforderlich wäre, sind sie in Wirklichkeit kleiner; das liegt daran, dass die Affen stark vom Wald abhängig sind, der durch illegale Rodungen und Umweltschäden auf bloß ein Fünftel des Gebiets geschrumpft ist.

Über diese scheuen Wesen ist nur wenig bekannt, auch wenn in jüngster Zeit einige Aspekte ihres Verhaltens und Lebens erforscht wurden. Sie sind sehr gesellige Tiere und bilden im Winter Gruppen zu 20 bis 30 Tieren, die im Sommer auf bis zu 200 Tiere anwachsen; mehrere solche Gruppen können sich zu 600 Affen starken Verbänden zusammenschließen. Diese großen Gruppen zerfallen in kleinere Familieneinheiten, die

Die intensivste Forschung über Goldstumpf-nasen findet in den Naturreservaten Shennongjia und Baihe in den Provinzen Hubei und Sichuan statt.

ein dominantes Männchen und etwa vier Weibchen mit ihren Jungen umfassen. Weibchen werden mit vier bis fünf Jahren geschlechtsreif, Männchen mit sieben. Sie sind das ganze Jahr paarungsfähig, doch der Höhepunkt der Paarungszeit liegt im August, September und Oktober. Nach sechs Monaten Tragezeit kommen die Jungen meist im März und April zur Welt, manchmal auch im Februar oder Mai.

SÜDLICHE GRÜNMEERKATZEN
(*Chlorocebus pygerythrus*)

Diese kleinen, schwarzgesichtigen Affen kommen in großen Teilen von Süd- und Ostafrika, von Äthiopien und Somalia bis nach Südafrika vor.

Es gibt mehrere Unterarten der Grünen Meerkatzen, doch meist hat ihr Fell eine grünlich-olivfarbene bis silbergraue Färbung. Gesicht, Ohren, Hände, Füße und Schwanzspitze sind schwarz. Um die Stirn verläuft ein weißes Band, das mit den kurzen Backenhaaren verschmilzt. Die Männ-

chen sind etwas größer und an ihren türkis und rot gefärbten Genitalien erkennbar.

Die Grüne Meerkatze ist eine mittelgroße bis große Affenart, deren Männchen bis zu 8 kg wiegen. Der Schwanz wird meist

aufrecht getragen, die Spitze weist unten. Arme und Beine sind etwa gleich lang.

Das Sozialsystem der Grünen Meerkatzen basiert auf komplexen, aber stabilen sozialen Gruppen zu je zehn bis 50 Tieren, vor allem erwachsenen Weibchen und ihren Jungen. Es gibt eine strenge Hierarchie und die Stellung der Mutter bestimmt die ihrer Nachkommen. Sogar die Erwachsenen einer Familie müssen sich den Jugendlichen

Fresken in Akrotiri auf der Mittelmeerinsel Santorin belegen, dass man Meerkatzen hier um 2000 v. Chr. kannte; dies gilt als Beweis für den frühesten Kontakt zwischen Ägypten und dieser Insel.

einer sozial höherstehenden Familie unterordnen. Nach der Pubertät wechseln Männchen zumindest einmal die Gruppe; dies ist gefährlich, weil sie Räubern zum Opfer fallen können, aber auch, weil Gruppen Neulinge nicht gern aufnehmen.

Fellpflege ist überaus wichtig, und wie die meisten Primaten verbringen Meerkatzen jeden Tag Stunden damit, einander Parasiten und Verunreinigungen aus dem Fell zu lösen, wobei dominante Tiere die intensivste Pflege erhalten. Von der Hierarchie hängen auch Fressen, Paarung, Freundschaften und sogar das Überleben ab.

Bereits in der Kindheit entstehen enge soziale Bindungen zwischen weiblichen Verwandten, die ein Leben lang halten. Die anderen Affen interssieren sich sehr für neue Babys, und junge Weibchen konkurrieren darum, ein Neugeborenes halten zu dürfen.

Nach der Geburt leckt die Mutter das Junge sauber, beißt die Nabelschnur durch und frisst die Nachgeburt. Das Neugeborene hat schwarzes Fell und ein rosiges Gesicht; erst nach drei bis vier Monaten erhält es die Erwachsenenfärbung.

Die ersten Wochen seines Lebens verbringt der Säugling an den Bauch seiner Mutter geklammert. Nach etwa drei Wochen beginnt es, allein umherzutollen und mit seinen Altersgenossen zu spielen. Grüne Meerkatzen sind höchst eifersüchtige Mütter, und die meisten hassen es, wenn andere junge oder ältere Weibchen ihr Baby halten oder tragen wollen; manche überlassen sie bereitwillig anderen Weibchen; im Allgemeinen erhalten die allernächsten Verwandten des Weibchens den uneingeschränktesten Zugang. Die Jungen spielen nicht nur mit ihresgleichen, sondern auch mit anderen Jungtieren in der Umgebung.

Grüne Meerkatzen dürften über eine rudimentäre Sprache verfügen; ihre Warnrufe an die Gruppe variieren je nach der Art der Gefahr.

JAPANMAKAK, SCHNEEAFFE
(*Macaca fuscata*)

In den Hochgebirgswäldern Japans lebt der einzige Primat dieses Landes, der Japanmakak. Abgesehen vom Menschen kann kein anderer Primat in diesem eiskalten Klima überleben; um mit den Bedingungen fertigzuwerden, findet man den Japanmakak oft in warmen Thermalquellen, in denen er, bis zum Hals eingetaucht, Stunden zubringen kann. Der mittelgroße Affe besitzt lange Schnurrhaare, einen Bart und einen dichten Pelz. Er ist sowohl in den Bäumen als auch am Boden aktiv und frisst Borke, Beeren, Nüsse, Knospen, Blätter und Insekten.

Schneeaffen leben in Gruppen zu etwa 40 Tieren unter der Führung eines älteren

Der Japanmakak, auch Schneeaffe genannt, ist der am weitesten nördlich lebende nicht-menschliche Primat. Er ist eine in Japan beheimatete Altweltaffenart, wenngleich 1972 eine frei lebende Population bei Laredo in Texas angesiedelt wurde.

Männchens zusammen. Innerhalb der Makakengemeinde gibt es enge Bindungen

zwischen den Müttern und ihren Töchtern, die eng bleiben, auch wenn die Töchter selbst Nachwuchs haben. Die Männchen verlassen nach ihrer Pubertät die Gruppe und schließen sich einer anderen an.

Männchen und Weibchen paaren sich in der Brunftzeit mit mehreren Partnern, nachdem sie mit drei Jahren ihre Geschlechtsreife erreicht haben. Das Weibchen trägt fünf bis sechs Monate lang ein einzelnes Junges aus, wobei die meisten Geburten zwischen Mai und September sowie April und Juli stattfinden. Wie bei anderen Primaten entwickeln sich die Jungtiere langsam und die Abhängigkeit von den Eltern kann lang dauern und anstrengend sein. Bis zur Entwöhnung dauert es ein volles Jahr; in dieser Zeit muss die Mutter das Junge beschützen und füttern. Männchen helfen dabei; sie tragen die Kleinen herum, liebkosen, pflegen und schützen sie. Manchmal beteiligen sich auch Nicht-Eltern an der Aufzucht des Nachwuchses. Durch Gesichtsausdrücke, Körperhaltungen, Geräusche und Körperkontakt lernen die Jungtiere bei der Fellpflege und im Spiel, wie sie sich in der Gruppe zu verhalten haben.

SUMATRA-ORANG-UTAN
(*Pongo abelii*)

Der Orang-Utan ist ein überaus charismatischer Großaffe mit langen Armen und langem, rötlichem Fell. Diese Spezies lebt auf der Insel Sumatra in Indonesien und ist ein echter Baumbewohner: Selten nur verlässt er die Sicherheit der Baumkronen, wo er mit Grazie und Leichtigkeit schwingt und klettert. Er bewohnt Tieflandwälder und bewaldete Sumpfgebiete und baut sich aus Ästen und Blättern ein Nest für die Nacht. Der Sumatra-Orang-Utan lebt in kleinen Gruppen und zieht auf der Suche nach reifen

Der Sumatra-Orang-Utan gehört zur selteneren der beiden Orang-Utan-Arten. Die andere Art ist der kleinere Pongo pygmaeus, *ein Ureinwohner der Insel Borneo.*

Früchten wie Feigen, aber auch Blüten, Borken und gelegentlich einem Vogelei umher.

Zur Paarung kommt es meist, wenn die Früchte reif sind, für gewöhnlich in der Regenzeit zwischen Dezember und Mai. Jedes Weibchen, das sich nicht bereits um ein Junges kümmert, ist verfügbar. Nach einer Tragezeit von rund 250 Tagen bringt das Weibchen meistens ein Junges zur Welt, manchmal auch Zwillinge. Danach verbringt sie die nächsten acht bis neun Jahre damit, sich um das Jungtier zu kümmern.

Dies ist eine große Verpflichtung für jedes Tier, vor allem, da das Weibchen allein für die Aufzucht zuständig ist und das Männchen sich nicht beteiligt. So lange es klein ist, trägt die Mutter das Baby mit sich herum und stillt es, bis es entwöhnt wird. Danach versorgt sie es mit Nahrung aus dem Wald. Sie lehrt den jungen Orang-Utan, wie er sich von mehr als 400 Futterpflanzen ernährt, wie er sich anderen Orang-Utans gegenüber zu verhalten hat und wie er mit seinen Artgenossen kommunizieren kann. Orang-Utans vermitteln mit ihrer ausdrucksstarken Mimik verschiedenste Botschaften, deshalb gibt es viel zu lernen. Bei der Körperpflege trimmt die Mutter auch die Zehennägel ihres Kindes, indem sie überschüssige Längen einfach abbeißt.

SCHIMPANSE (*Pan troglodytes*)

Der intelligente und gesellige Schimpanse ist der nächste lebende Verwandte des *Homo sapiens*. Viele Jahre lang wurde er intensiv studiert, sowohl in Freiheit als auch in Gefangenschaft, und er bleibt ein wichtiges Forschungsobjekt für die Frage, wie Tiere Fähigkeiten, Verhalten und Interaktion mit Artgenossen erlernen. Leider war unsere Beziehung zu den Schimpansen, wie die zu vielen anderen Tierarten, von Grausamkeit und Ausbeutung geprägt, was zum Beispiel auch in der Zerstörung ihres natürlichen Lebensraums zum Ausdruck kommt.

Man findet Schimpansen in den Regenwäldern und Baumsavannen von West- und Zentralafrika von Gambia bis Uganda, jedoch mit Unterbrechungen dazwischen. Sie sind robust und stämmig gebaut, besitzen lange Gliedmaßen und besonders kräftige Unterarme. Die Menschenaffen sind an das Klettern und Schwingen in den Bäumen angepasst, verbringen aber die meiste Zeit auf dem Boden, wo sie sich für gewöhnlich auf allen vieren fortbewegen. Wenn sie et-

was in den Händen tragen, laufen sie auf den Hinterbeinen. Schimpansen leben in Gruppen, deren Zusammensetzung variiert. Die Gruppe kann nur aus Männchen bestehen, aus Weibchen mit Jungen oder erwachsenen Tieren beider Geschlechter mit Jungen. Schimpansen haben eine fortgeschrittene Sozialstruktur, zu der komplexe Hierarchien gehören, Kooperationen zur Futtersuche, viele verschiedene Arten von Kommunikation, darunter Mimik, Laute und Körpersprache, sowie Brutpflege. Die Tiere sind tagaktiv und ernähren sich von Früchten, Nüssen, Samen, jungen Trieben und Borken, aber auch von Eiern, Insekten und anderen Tieren. Wie Orang-Utans können Schimpansen Werkzeuge benützen, um an Futter heranzukommen: Zum Beispiel können sie mit Ästen Termiten aus ihrem Nest herausholen. Eine Gruppe kann sich auch zusammentun, um Tiere, etwa Pinselohrschweine oder andere Affen, zu fangen.

Schimpansen können sich das ganze Jahr über paaren und haben oft mehrere Partner. Das Weibchen trägt etwa 230 Tage und bringt dann ein, manchmal zwei Junge

zur Welt. Wie bei anderen Primaten muss das Jungtier eine Zeit lang ständig umsorgt werden; das Neugeborene wird drei bis sechs Monate lang mitgetragen, danach reitet es auf dem Rücken seiner Mutter. Dazwischen beginnt es, auch selbst umherzulaufen. Gestillt wird es 30 bis 54 Monate lang. Den Großteil der elterlichen Pflege, von der Fellpflege über das Stillen bis zur Fütterung, erledigt das Weibchen. Außerdem bringt es dem Jungtier die sozialen Fertigkeiten bei, die es benötigt, um mit seinen Artgenossen zu kommunizieren und das volle Verhaltensspektrum des Schimpansen zu entwickeln. Bis zur Entwöhnung sind die Jungen von ihrer Mutter abhängig, sie bleiben jedoch bei ihr, bis sie mit etwa zehn Jahren erwachsen sind. Auch die Beziehungen zwischen Geschwistern sind eng.

Auf Angreifer reagieren Schimpansen mit lautem Schreien; mit allem, was sie finden, versuchen sie, die Gefahr abzuwehren.

GORILLA (*Gorilla gorilla*)

Als größte Menschenaffenart gliedert sich diese eindrucksvolle Primatenfamilie in mehrere Unterarten, die alle in den Wäldern von Äquatorialafrika zwischen Meeresniveau und 4000 m Seehöhe zu finden sind. Gorillas haben ein schwarzes Fell; bei älteren Männchen färben sich Rücken und Hinterteil grau, weshalb diese Tiere auch als »Silberrücken« bekannt sind. Gorillas besitzen keinen Schwanz. Trotz ihrer stattlichen Erscheinung sind sie scheue und fried-

Berggorillas leben in den gebirgigen Nebelwäldern am Albertine Rift im Virunga-Gebirge, während Flachlandgorillas in den dichten Wäldern, Sumpfgebieten und Marschen auf Meeresniveau beheimatet sind.

liebende Wesen, wenn sie nicht bedroht werden. Als Pflanzenfresser ernähren sie sich von Blättern, Beeren und Borken. Sie sind tagaktiv und nehmen ihr Futter auf dem Boden ein; um neue Futterquellen zu erschließen, klettern sie auch auf Bäume.

Gorillas leben in Gruppen von fünf bis 15 Tieren zusammen; jede umfasst ein dominantes Männchen sowie einige Weibchen mit ihren Jungen. Tag- und Schlafnester werden aus Zweigen und Blättern gebaut. Da es in ihrem Lebensraum Nahrung im Überfluss gibt, verschwenden Gorillas kaum Zeit damit, umherzuziehen.

Das dominante Männchen paart sich für gewöhnlich mit allen Weibchen seiner

Gruppe. Es gibt keine fixe Brunftzeit; nach einer Tragezeit von neun Monaten wird ein einzelnes Jungtier geboren, das bei der Geburt etwa 2 kg wiegt. Der junge Gorilla wird drei bis vier Jahre gesäugt und ist in dieser Zeit von seiner Mutter abhängig; manchmal verstößt die Mutter ein Kleines, wenn sie mehr als ein Junges hat. Das Baby klammert sich an seine Mutter und kann im Alter von etwa drei Monaten selbstständig klettern. Die Weibchen einer Gruppe kümmern sich um Transport, Schutz und Fütterung des Babys. Sie sozialisieren es und bereiten es auf sein eigenständiges Leben vor.

WOLF (*Canis lupus*)

Der Wolf ist über ganz Eurasien einschließlich Indien, in Nordamerika sowie in Mexiko verbreitet, obwohl Bestände und Verbreitung in einigen Gegenden heute stark eingeschränkt sind, was auf die Zerstörung seines Lebensraums und die unvermeidliche Interaktion mit dem Menschen zurückzuführen ist. Heute kommt er nur noch in wenigen US-Staaten vor, etwa Wisconsin und Michigan. Der starke, muskulöse Wolf liefert den Stoff, aus dem seit Jahrhunderten Legenden um das bewunderte und zugleich gefürchtete Tier gewoben werden. Er ist intelligent, gesellig und lebt in Rudeln, die aus mehr als einer Familie bestehen. Das Rudel jagt gemeinsam, wobei jedes Rudelmitglied an der Beutehatz teilnimmt, seien es nun Hirsche oder Karibus oder kleinere Tiere wie Ratten, Mäuse und Fische.

Die Färbung des Wolfs variiert von Grau über Graubraun bis zu Weiß, Rot, Braun und Schwarz. Bei vielen Populationen treten die Farben gemischt auf, aber es gibt auch Tiere oder ganze Rudel, die ausschließlich einfärbig sind; meistens sind dann alle weiß oder schwarz.

TIERBABYS

Die strenge Hierarchie innerhalb des Rudels wird durch ein komplexes System sozialer Signale und Gesten aufrechterhalten; geleitet wird das Rudel von einem dominanten Tier, meist einem Weibchen. Zur Paarung kommt es zwischen Jänner und April; neun Wochen später werden die Jungen geboren. Ein Wurf besteht aus zwei bis zehn Welpen. Sie sind bei der Geburt blind, taub und völlig von ihrer Mutter abhängig; zwei Monate lang bleiben sie in einer Höhle oder einem Tunnel. Mit der Zeit beginnen die Kleinen, ihre unmittelbare Umgebung zu erforschen. Zu Beginn trinken sie Muttermilch, später werden sie mit hochge-

würgter Nahrung gefüttert. Nach wenigen Monaten sind die Jungen so gut in das Rudel integriert, dass sich einige Rudelmitglieder um sie kümmern, während sich der Rest des Rudels auf Jagd begibt. Später schließen sie sich dem jagenden Rudel an, wenngleich zunächst nur als Beobachter. Während sie an den Resten knabbern, beginnen sie, um das Futter zu konkurrieren, wobei sie die Regeln des Rudels in Bezug auf Hierarchie, Dominanz und Unterwerfung erlernen. Außerdem trainieren sie im Spiel ihre Kampffähigkeiten. Mit etwa drei Jahren verlassen viele junge Wölfe das Rudel, um ein eigenes Rudel mit eigenständigem Revier zu begründen.

POLARFUCHS (*Alopex lagopus*)

Der Polar- oder Eisfuchs fühlt sich in den kalten Gegenden Eurasiens und Nordamerikas zu Hause. Im Winter wird sein graubraunes Fell weiß, wodurch er im Schnee bei der Jagd auf kleine Säuger (etwa Lemminge) und am Boden lebende Vögel gut getarnt ist, obwohl er auch Beeren fressen kann. Das dichte Fell an den Beinen und die kleinen, wärmeisolierenden Ohren sind weitere Anpassungen an das kalte Klima, denn der Fuchs hält keinen Winterschlaf.

Die Tragezeit des Polarfuchses beträgt 50 bis 56 Tage. Ein Wurf umfasst meistens sechs bis sieben Welpen, es wurde auch schon von elf Jungen berichtet. Bei der Ge-

Der Polar- oder Eisfuchs kann in den härtesten Bedingungen auf diesem Planeten überleben, weil er mit seinem dichten, langen Fell, einem Wärmeaustauschsystem in den Pfoten, das hilft, die Körpertemperatur aufrechtzuerhalten, und einer dicken Körperspeckschicht gut angepasst ist.

burt haben die Welpen ein bräunliches Fell. Die Eltern wechseln sich bei der Aufzucht ab, während die Jungen in einer Höhle, oft Teil eines unterirdischen Tunnelsystems, in Sicherheit bleiben. Oft helfen Geschwister aus Vorjahreswürfen ihren Eltern bei der Pflege von Neugeborenen. Die Entwöhnung dauert zwei bis vier Wochen, dann verlassen die Jungen die Höhle.

ROTFUCHS (*Vulpes vulpes*)

Der Rotfuchs ist von allen Mitgliedern der Hundefamilie, den Canidae, am weitesten verbreitet, denn man findet ihn in weiten Gebieten der Nordhalbkugel, von der Arktis bis nach Mittelamerika, Zentralasien und Nordafrika, und auch in andere Gegenden wurde er eingebracht. Obwohl er von Bauern in aller Welt verfolgt wird, vermehrte sich der Rotfuchs, da er intelligent und bei seiner Ernährung nicht wählerisch ist. Er kann ebenso geschickt auf Wiesen Mäuse und Insekten fangen wie die Mülltonnen in Vorstädten nach Essensresten durchwühlen.

Je nach Gegend variiert die Paarungszeit zwischen Dezember und April. Die Werbung ist eine laute Angelegenheit, mit viel Gebelle und Geheule. Die Tragezeit beträgt etwa 50 Tage, pro Wurf kommen ein bis 13 Welpen zur Welt, im Durchschnitt

Der Rotfuchs ist großteils nachtaktiv, obwohl er manchmal auch tagsüber unterwegs ist. Er schleicht sich ähnlich wie Katzen an seine Beute an, um sich dann plötzlich auf das ahnungslose Opfer zu stürzen.

aber fünf. In der Sicherheit einer unterirdischen Erdhöhle werden sie blind geboren, öffnen ihre Augen jedoch neun bis 14 Tage später. Das Weibchen hält Wache, während das Männchen auf die Jagd geht. Etwa vier bis fünf Wochen nach der Geburt verlassen die Jungtiere die Höhle, nach acht bis zehn Wochen werden sie entwöhnt. In der Nähe des Höhleneingangs spielen sie und trainieren dabei die Angriffs- und Kampftechniken, die sie brauchen, wenn sie erwachsen sind. Dann begleiten die Kleinen ihre Mutter bei der Jagd und erlernen ihre Jagdmethoden. Bis zum Herbst des Jahres bleiben sie bei ihr, danach verlassen sie das Revier, um ein eigenes zu gründen.

KOJOTE (*Canis latrans*)

Der allgegenwärtige Kojote ist ein Mitglied der Hundefamilie, das man in ganz Nord- und Mittelamerika sowie auch in Kanada mit Ausnahme der nördlichsten Regionen findet. Seinen Bau legt er in Felsspalten oder Höhlen an oder er vergrößert den verlassenen Bau eines anderen Tieres. Der Wüstenkojote ist hellgrau oder -braun mit schwarzer Schwanzspitze; das Fell des Bergkojoten ist dünkler, dichter, länger und an den Unterseiten weiß; manche Tiere weisen eine weiße Schwanzspitze auf. Im Winter wird das Fell des Bergkojoten lang und seidig; dann wird er von Trappern gejagt.

Weibliche Kojoten sind zwischen Ende Jänner und Ende März zwei bis fünf Tage lang läufig; in dieser Zeit findet die Paarung statt. Wenn das Weibchen ein Männchen erwählt hat, bleibt das Paar oft über mehrere Jahre monogam. Die Tragezeit beträgt 60 bis 65 Tage, ein Wurf besteht aus ein bis 19 Welpen, der Durchschnitt liegt

Kojoten vermehren sich meist gut in Gebieten, in denen der Wolf ausgerottet wurde. Als Neuengland stärker besiedelt und die dort einheimischen Wölfe ausgerottet wurden, wuchs die Kojotenpopulation an und füllte die biologische Nische. Außerdem scheinen Kojoten besser für das Leben in der Nähe von Menschen gerüstet als Wölfe.

bei sechs. Die hohe Welpenzahl dient zum Ausgleich der hohen Sterblichkeitsrate junger Kojoten: Rund 50 bis 70 Prozent der

Welpen erreichen das Erwachsenenalter nicht. Die Jungen werden blind geboren und öffnen ihre Augen erst nach etwa 14 Tagen; kurz danach verlassen sie erstmals die Höhle. Sie werden fünf bis sieben Wochen lang gesäugt und nehmen bereits mit drei Wochen halbfeste Nahrung zu sich. Während der Vater die Welpen mit hochgewürgtem Futter versorgt, verhindert die Mutter, dass er ganz in die Höhle eindringt.

Die Welpen leben und spielen bis zum Alter von sechs bis zehn Wochen in der Höhle. Dann nimmt die Mutter sie als Gruppe mit auf die Jagd. Nach und nach zerfällt die Familie und bis zum Herbst jagen alle jungen Kojoten für sich allein. Nach einem Jahr sind sie bereit, ihr eigenes Jagdrevier zu begründen und mit Duftnoten zu markieren. Obwohl man schon große Gruppen von Kojoten umherziehen gese-

hen hat, jagen sie für gewöhnlich zu zweit; ein Rudel besteht typischerweise aus sechs eng verwandten Erwachsenen, Jährlingen und Jungen. Kojotenrudel sind im Allgemeinen kleiner als Wolfsrudel und die Beziehungen der Tiere untereinander sind weniger stabil; vielleicht liegt das an früheren Aggressionen oder an der Tatsache, dass Kojoten in ihrem ersten Jahr voll ausgewachsen sind, Wölfe erst in ihrem zweiten.

EISBÄR (*Ursus maritimus*)

Die schwerste Bärenart (erwachsene Männchen wiegen rund 680 kg) lebt in den arktischen Regionen rund um den Nordpol. Mit seinem weißen Fell, den kleinen Ohren und der schwarzen Nase ist der Eisbär unverwechselbar. Er ist ein gefährliches Raubtier, das sich hauptsächlich von Robben ernährt, die er oft belauert, bis sie zum Luftholen in Eislöchern auftauchen; er verschmäht auch Walrösser, Seevögel und andere kleinere Tiere nicht. Er kann meilenweit über die Eisschollen wandern und weite Strecken schwimmen. Durch den Rückgang des Packeises infolge des Klimawandels und die zunehmende Konkurrenz um die Nahrung wird der Eisbär immer häufiger gezwungen, in menschliche Siedlungsgebiete einzudringen und dort nach Futter zu suchen.

Den Großteil des Jahres lebt der Eisbär als Einzelgänger. Zur Paarung kommt es meistens zwischen Anfang und Ende des Frühjahrs, doch das befruchtete Ei bleibt

*Auch wenn seine Spezies heute hoch gefähr-
det ist, so stellte der Eisbär jahrtausende-
lang eine Schlüsselfigur im materiellen, spi-
rituellen und kulturellen Leben der indigenen
Völker in der Arktis dar.*

bis September oder Oktober in einem Ru-
hezustand. In dieser Zeit verschlingt das
Weibchen ungeheure Futtermengen und
nimmt an die 200 kg zu, womit sie ihr Kör-
pergewicht oft mehr als verdoppelt. Die
Jungen – meistens zwei – werden zwei bis
drei Monate später in einer mit Schnee bedeckten Höhle geboren. Ihre Augen sind
noch geschlossen und ihr Fell relativ dünn.
In der Sicherheit der Höhle werden sie bis
März oder April von ihrer Mutter gesäugt;
dann sind sie groß genug, um sich auf das
Eis hinauszuwagen. Rund zweieinhalb Jahre lang bleiben die Jungen bei ihrer Mutter
und lernen von ihr zu jagen, bevor sie sich
aufmachen und ihr eigenes Territorium errichten. Die Geschlechtsreife erreichen Eis-
bären mit etwa fünf bis sechs Jahren.

BRAUNBÄR (*Ursus arctos*)

Braunbären (zu denen auch der Grizzlybär zählt) kommen am häufigsten in Russland, Kanada und Alaska vor, auch wenn sie einst über ein weit größeres Gebiet verbreitet waren und bis nach Nordafrika, Mexiko, Großbritannien und das europäische Festland vorgedrungen sind. Sie leben in Wäldern, in der Tundra und in Halbwüsten. Als überaus großes und gefährliches Mitglied der Bärenfamilie ernährt sich der Braunbär von Beeren, Früchten, Insekten, Fisch, Nagetieren und Vieh. Mit einer Größe von über 2,7 m überragt dieses mächtige Lebewesen andere Tiere, wenn es sich auf die Hinterbeine stellt.

Üblicherweise pflanzen sich Weibchen alle zwei bis vier Jahre fort, wodurch sie nicht ständig zur Paarung zur Verfügung stehen; deshalb kämpfen die Männchen zwischen Mai und Juli energisch um das Recht, sich zu paaren. Wegen eines Verzögerungsprozesses teilt sich das befruchtete Ei und schwebt dann sechs Monate lang frei im Uterus; während des Winterschlafs nistet es sich in der Gebärmutterwand ein, sodass die Jungtiere acht Wochen später geboren werden. Meistens kommen zwei bis drei Jungbären, mit geschlossenen Augen und spärlich behaart, zur Welt. Sie trinken bis zu 30 Monate lang Muttermilch, obwohl sie bereits mit fünf Monaten auch verschiedenste andere Nahrung zu sich nehmen. Die Jungen bleiben bis zu ihrem zweiten Frühling bei der Mutter, oft auch bis zum dritten oder vierten. Die Mutter ist sehr aufmerksam und verteidigt ihre Jungen aggressiv; das Männchen beteiligt sich nicht an der Aufzucht.

Heute gibt es drei genetisch unterschiedliche Braunbärstämme in Nordamerika: den Alaska-Yukon-, den Alberta-Saskatchewan-Stamm und den aus dem Gebiet Colorado-Washington-Idaho-Montana-Wyoming.

SÄUGETIERE

AMERIKANISCHER SCHWARZBÄR
(*Ursus americanus*)

Dies ist die am stärksten verbreitete Bärenart in Nordamerika. Der Schwarzbär lebt in weiten Teilen Kanadas und der USA (mit Ausnahme der zentralen Ebenen) sowie in Mexiko und bewohnt eine Bandbreite von Lebensräumen von dichten Wäldern bis zu Grasland. Der Allesfresser ernährt sich von Beeren, Nüssen, Jungtrieben und Fisch und kann auch Rotwild erlegen. Meistens ist er schwarz, kann aber auch zimtfarben, braun, blaugrau oder blond

sein. Seine Schnauze ist blasser gefärbt und seine Ohren sind weniger stark behaart als beim Braunbären. Mit 1,8 m Größe ist er auch etwas kleiner als dieser.

Zur Paarung kommt es meist zwischen Mai und Juli, die Einnistung des Eis erfolgt im Herbst. Die Geburten finden für gewöhnlich im darauffolgenden Jänner oder Februar statt, wobei pro Wurf im Schnitt drei Junge zur Welt kommen; es können aber auch bis zu sechs sein. Diese werden blind geboren und bleiben für den Rest des Winters mit ihrer Mutter in der Höhle, wo sie sich von ihrer Milch ernähren. Im Früh-

Früher gab es rund zwei Millionen Schwarzbären in Nordamerika, die durch die Zerstörung ihres Lebensraums und ungehinderte Jagd auf 200.000 Exemplare dezimiert wurden. Aktuellen Schätzungen zufolge gibt es heute wieder an die 800.000 Tiere.

ling verlassen sie erstmals die Höhle, werden jedoch bis zum Alter von sechs bis acht Monaten gesäugt. Bis zum 18. Lebensmonat bleiben die Jungtiere bei ihrer Mutter und erlernen in dieser Zeit das Jagen. Anschließend werden sie von ihrer Mutter aus dem Revier vertrieben.

KLEINER PANDA (*Ailurus fulgens*)

Dieses hübsche Tier bewohnt Laub- und Nadelwälder in den gemäßigten Bergland-regionen des Himalaya im Norden von Burma, Nepal und Südwestchina. Wie der Große Panda kann der Kleine Panda keine Zellulose verdauen, daher frisst er enorme Mengen an Bambus, um zu überleben, ob-wohl er auch Beeren, Früchte, Wurzeln, Ei-cheln, Flechten und Gräser zu sich nimmt und seinen Speiseplan gelegentlich mit Jungvögeln, Eiern, Fisch, kleinen Nagern und Insekten aufbessert. Der Schwanz des

Im Gegensatz zum Großen Panda ist der Kleine Panda kein Bär; aktuelle DNA-Ana-lysen ordnen ihn in die unabhängige Familie der Ailuridae ein, die entfernt mit Stinktie-ren, Waschbären und Wieseln verwandt sind.

Kleinen Panda ist rot-gelbbraun geringelt, die Schnauze, der Rand der Ohren, die Brauen und Wangen sind weiß. Bauch und Beine sind schwarz, das restliche Fell rötlich braun. Der nachtaktive Kleine Panda bewegt sich sicher durch die Baumkronen, der Schwanz dient dabei der Balance.

Die Paarung findet im Winter statt und nach einer Tragezeit von etwa 134 Tagen kommen im Juni die Jungen zur Welt. Vor der Geburt baut die Mutter in einem hohlen Baum oder einer Felsspalte ein Nest aus Gräsern, Ästen und Blättern. Wenn die Jungen geboren sind (wobei ein Wurf meist aus ein bis vier Welpen besteht), leckt die Mutter sie sauber und bleibt in ihren ersten Lebenstagen ständig bei ihnen. Nach etwa einer Woche beginnt sie wegzubleiben und kehrt nur zurück, um das Nest zu reinigen sowie die Jungen zu säugen und zu pflegen. Nach etwa 90 Tagen verlassen die Jungtiere im Schutz der Nacht und in Begleitung ihrer Mutter zum ersten Mal ihr Nest. Sie bleiben etwa 18 Monate bei ihr, während der Vater bei der Aufzucht seines Nachwuchses kaum eine Rolle spielt.

WASCHBÄR (*Procyon lotor*)

Waschbären kommen am häufigsten im Süden Kanadas vor, in den USA sowie im Norden von Südamerika. Ihr bevorzugter Lebensraum sind gewässerreiche Mischwälder, doch haben diese extrem anpassungsfähigen Tiere auch gelernt, den Lebensraum des Menschen auszunützen. Häufig sieht man sie, wie sie Stadtgebiete durchstreifen und in Abfällen wühlen – ein Verhalten, zu dem ihre »Räubermaske« hervorragend

passt. Der stämmige, agile Waschbär hat ein graues Fell und einen schwarz geringelten, buschigen Schwanz. Er ist hauptsächlich nachtaktiv und klettert gern, schwimmt aber auch, wenn es nötig ist. Seine natürliche Nahrung besteht aus Fröschen, Fischen, Kleinnagern, Vögeln, Eiern, Nüssen, Samen und Getreide.

Ein Wurf umfasst ein bis sieben Junge, die nach einer Tragezeit von etwa 64 Tagen zur Welt kommen. Die Babys werden blind und hilflos in einer Baumhöhle geboren,

Weil er aus Gehegen entkommen ist oder ausgesetzt wurde, ist der Waschbär seit Mitte des 20. Jahrhunderts auch in Europa, im Kaukasus und in Japan verbreitet.

mit 70 Tagen entwöhnt und sind mit rund 20 Wochen in der Lage, das Nest zu verlassen und ihrer Mutter auf deren nächtlichen Streifzügen zu folgen. Sie bleiben im ersten Winter bei ihr und werden im Frühling selbstständig, auch wenn sie ihre eigenen Höhlen oft in ihrer Nähe bauen.

GROSSER PANDA
(*Ailuropoda melanoleuca*)

Der seltene, gefährdete Große Panda – ein Kultsymbol – kommt nur in wenigen zentralen Provinzen Chinas vor, wo er gebirgige Mischwälder bewohnt, in denen auch Bambus wächst. Dieser ist für ihn lebensnotwendig, da Bambusblätter und -halme mehr als 90 Prozent seiner Nahrung ausmachen, und obwohl Bambus arm an Nährstoffen ist, ist er doch das ganze Jahr über verfügbar. Der Panda verbringt bis zu zwölf Stunden am Tag damit, Bambus zu fressen, um seinen Futterbedarf zu decken. Ursprünglich wurde der Große Panda der Familie der Waschbären zugerechnet, doch nun wurde er den Ursidae (Bären) zugeordnet. Auf den ersten Blick erkennt man den großen Bären an seinem auffälligen schwarz-weißen Fell und den großen dunklen Augenflecken.

Die Paarung beginnt im März und dauert bis in den Mai, die Jungen werden im August und September geboren. Selten gibt es Drillinge, Zwillinge sind jedoch relativ häufig. Die Neugeborenen sind blind und hilflos und werden bis zu 14 Mal am Tag gestillt. Mit drei Wochen öffnet der junge

Der Große Panda ist eines der beliebtesten und am besten geschützten Tiere der Welt. Außerdem konnte sein natürlicher Lebensraum 2006 den Status UNESCO-Weltnaturerbe erlangen.

Panda seine Augen, kann sich jedoch erst mit drei bis vier Monaten selbstständig bewegen. Er wird 46 Wochen lang gesäugt. Leider entscheidet sich die Mutter oft, wenn sie zwei Junge zur Welt bringt, für eines davon und überlässt das andere dem sicheren Tod. Das überlebende Jungtier bleibt etwa 18 Monate bei der Mutter.

EUROPÄISCHER DACHS
(*Meles meles*)

Den Europäischen Dachs findet man hauptsächlich in den Waldgebieten und Steppen Nordeuropas, im europäischen Teil Russlands, Teilen des Mittleren Ostens, in Tibet und China. Er gehört zur Familie der Mustelidae und ist daher mit Hermelin, Otter, Wiesel und Nerz verwandt. Er lebt in Familiengruppen und errichtet ein Territorium, zu dem ein weitläufiges unterirdisches Tunnelsystem mit mehreren Kammern und Eingängen gehört.

Dachse sind großteils nachtaktiv; vorsichtig verlassen sie ihren Bau auf der Suche nach Futter. Auch wenn sie zu den Raubtieren gehören, sind sie in Wirklichkeit Allesfresser, denn sie fressen nicht nur Erdwürmer, Insekten, Käfer, kleine Säugetiere, Reptilien, Amphibien, Jungvögel und Eier, sondern auch Beeren, Wurzeln, Nüsse, Früchte und andere pflanzliche Nahrung.

Dachse sind sehr verspielt und bei ihren Streifzügen außerhalb des Baus tollen vor allem die jüngeren Mitglieder der Gruppe gern umher. Zur Paarung kommt es zwischen Winterende und Hochsommer, doch die Einnistung wird verzögert, bis die Umweltbedingungen günstig sind; Geburten finden meistens im Februar oder März statt. Ein Wurf umfasst zwei bis sechs Junge, am häufigsten sind drei bis vier. Die Kleinen werden in der Sicherheit einer Kammer blind geboren. Mit etwa einem Monat öffnen sie die Augen, etwa zweieinhalb Monate lang werden sie gesäugt. Mit sieben oder acht Monaten können sie den Bau verlassen, obwohl einige Weibchen für immer bei ihren Eltern bleiben.

Dachse sind bei der Bevölkerung sehr beliebt, wenngleich nicht bei den Bauern, und die Öffentlichkeit schützt diese Spezies. Ihr größter Feind ist der Straßenverkehr.

FISCHOTTER (*Lutra lutra*)

Der scheue, hauptsächlich nachtaktive Eurasische Fischotter gehört zur Familie der Otter, die exzellent an das Leben im Wasser angepasst sind. Er hat einen schlanken Körper und einen muskulösen Schwanz zur Fortbewegung im Wasser. An allen vier Füßen besitzt er Schwimmhäute, und er kann seine Nasen- und Ohrenöffnungen verschließen, damit beim Tauchen kein Wasser eindringt. Man findet ihn in weiten Teilen Eurasiens und in Nordafrika, wo er an Flüssen, Seen und geschützten Küstenab-schnitten lebt. Seine Hauptnahrung ist Fisch, aber er nimmt auch große Mengen an Krustentieren wie Krabben, Amphibien wie Frösche, Insekten, Würmer und Vogeleier zu sich. Otter bauen unterirdische Höhlen, in denen sie tagsüber ruhen. Diese bezaubernden Tiere sind überaus verspielt.

Der Fischotter hat einen fortlaufenden Paarungszyklus, wobei die Paarung an Land oder im Wasser stattfinden kann. Nach einer Tragezeit von 60 bis 70 Tagen bringt das Weibchen zwei bis drei blinde Junge zur Welt. Diese werden drei Monate lang gesäugt und verlassen zwei Monate

Das auch als Europäischer oder Altweltotter bekannte Tier war der Star in dem berühmten Buch Tarka der Otter: Sein lustiges Leben im Wasser und sein Tod im Lande der zwei Flüsse *von Henry Williamson, das 1979 auch verfilmt wurde; im Film gibt Peter Ustinov den Erzähler.*

später erstmals den Bau. Bald schließen sie sich den Familienaktivitäten an, wie Flussufer hinunterzurutschen und einander zu jagen – Tätigkeiten, bei denen sie die Jagdtechniken ihrer Art erlernen. Junge Otter bleiben bis zu 14 Monate bei der Mutter.

SEEOTTER (*Enhydra lutris*)

Der Seeotter verbringt fast sein ganzes Leben im Meer, wobei ihm sein stromlinienförmiger Körper, sein kräftiger Schwanz und die Schwimmhäute an seinen Pfoten helfen, sich mühelos in den seichten Gewässern seines Lebensraums in der Beringstraße und vor der Küste Kaliforniens fortzubewegen. Er schwimmt gern in Kelpwäldern, wo er Meeresgetier wie Seeigel, Krabben, Muscheln, Oktopus, Tintenfische und Fische frisst. Die Nahrung wird mit den Vorderpfoten gehalten, an die Oberfläche gebracht und verzehrt, während sich der Otter auf dem Rücken treiben lässt. Schwierige Fälle, etwa Krabben, legt er auf

Der wichtigste Kälteschutz des Seeotters ist sein außerordentlich dichtes Fell, das dichteste im Tierreich überhaupt.

seinen Bauch, um mithilfe eines Steins die Schale aufzubrechen. Wenn Seeotter schlafen, umwickeln sie sich vorher mit Seetang, um nicht abzutreiben.

Seeotter können sich das ganze Jahr über fortpflanzen. Das Weibchen bringt für gewöhnlich einmal pro Jahr nach einer Tragezeit, die von vier bis zwölf Monaten variieren kann, ein einzelnes Junges zur Welt. Wenn Zwillinge geboren werden, wird nur eines erfolgreich aufgezogen. Für die Aufzucht sind die Weibchen zuständig. Mit rund sechs Monaten werden die jungen Ot-

ter entwöhnt, obwohl sie schon kurz nach der Geburt auch feste Nahrung zu sich nehmen. Anfangs treibt das Jungtier an der Oberfläche, während die Mutter auf der Jagd ist. Mit zwei Monaten taucht auch das Junge nach Futter. Von seiner Mutter lernt es alles, was es für das Leben im Meer braucht: wie man Nahrung sucht, was als Futter geeignet ist, wie man sich Artgenossen gegenüber verhält etc. Das Junge bleibt etwa sechs bis acht Monate bei der Mutter; geschlechtsreif werden Seeotter mit fünf.

ERDMÄNNCHEN (*Suricata suricatta*)

Erdmännchen sind kleine, mit Mangusten und Schleichkatzen verwandte Raubtiere. Man findet sie in Südafrika, Botswana, Sambia, Simbabwe und Mosambik, wo sie in trockenen Savannen und offenen Ebenen leben. Sie besetzen Gebiete, in denen es Baue und anderen Unterschlupf sowie Fut-

Einem vor allem in der Region Sambia/Simbabwe verbreiteten Aberglauben zufolge wird das Erdmännchen auch Sonnenengel genannt, weil es die Dörfer vor dem Mondteufel bzw. dem Werwolf beschützt, der verirrtes Vieh oder Stammesangehörige angreift.

terplätze gibt. Sie sind sehr gesellig und leben in Kolonien von bis zu drei Familien zusammen, das sind insgesamt rund 30 Tiere. Innerhalb der Kolonie herrscht Harmonie, doch zwischen konkurrierenden Kolonien kann es zu heftigen Kämpfen kommen. Die Mitglieder der Kolonie halten abwechselnd Wache – wobei sie in charakteristischer Weise auf ihren Hinterläufen hocken – und kümmern sich auch um fremden Nachwuchs, während die Mutter auf Futtersuche ist. Die Nahrung umfasst vor allem Insekten und andere kleine Lebewesen, aber auch Reptilien und Vögel.

Junge kommen das ganze Jahr über zur Welt, wobei die Tragezeit etwa elf Wochen beträgt. Die Mutter bringt im Durchschnitt drei Junge zur Welt, die mit geschlossenen Ohren und Augen geboren werden. Sie trinken Muttermilch und benötigen Hilfe beim Urinieren und Koten, weshalb die Mutter sie leckt, um diese Funktionen zu stimulieren. Um sie zu transportieren, trägt die Mutter sie in ihrem Maul. Die Männchen sorgen während der Aufzucht für den Schutz der Jungtiere. Mit 50 bis 63 Tagen werden die Kleinen entwöhnt und mit etwa einem Jahr geschlechtsreif.

BERGLÖWE (*Puma concolor*)

Der Berglöwe oder Puma war einst in Nord- und Mittel- sowie Teilen von Südamerika weit verbreitet. Heute ist sein Vorkommen auf kleine Gebiete in Kanada, den Westen der USA und einige Gebiete in Mittel- und Südamerika beschränkt. Dieses große, lohfarbene Mitglied der Katzenfamilie führt ein Leben als Einzelgänger; in seinem Revier jagt er Rotwild, Nagetiere und gelegentlich auch Rinder. Er bevorzugt Wälder, Grasland oder Feuchtgebiete, in denen es genügend Unterschlupf und Beutetiere gibt, sowie Höhlen oder Felsspalten, wo er ruhen kann, wenn er nicht jagt.

Das Territorium von männlichen Berglöwen überschneidet sich oft mit dem eines Weibchens. Zur Paarung kann es das ganze Jahr über kommen, Spitzen gibt es in den nördlichen Breiten zwischen Dezember und März. Nach einer Tragezeit von 82 bis 100 Tagen bringt das Weibchen jedes zweite Jahr Junge zur Welt. Ein Wurf umfasst ein bis sechs Welpen, im Durchschnitt jedoch drei. Zehn Tage nach der Geburt öffnen die Kleinen die Augen. Etwa zur gleichen Zeit entfalten sich auch ihre Ohrmuscheln, die Zähne brechen durch und sie beginnen spielerisch mit ihren Geschwistern zu kämpfen. Mit 42 Tagen sind sie entwöhnt, doch ihre Mutter kümmert sich um sie, bis sie etwa ein Jahr alt sind. Die Jungen geben kräftige, zwitschernde Laute von sich, wenn sie nach ihrer Mutter rufen. Ein Weibchen mit abhängigen Jungtieren benützt das Territorium des Vaters, bis die Kleinen groß genug sind, um eigene Reviere zu gründen.

In Texas findet man Pumas in den Trans-Pecos und anderswo; Sichtungen und Tötungsberichte lassen darauf schließen, dass der Puma heute in mehr Staaten vorkommt als vor zehn Jahren und sein Verbreitungsgebiet nach Mitteltexas ausdehnt.

EURASISCHER LUCHS (*Lynx lynx*)

Den Eurasischen Luchs findet man in Teilen Europas und Sibiriens, eng verwandte Arten auch in Kanada und im Norden der USA sowie in Spanien und Portugal. Der Luchs ist ein hübsches Tier mit einem stämmigen Körper, einem kurzen Schwanz und charakteristischen Ohrpinseln sowie Backenbart. Sein Fell weist attraktive Linien und Flecken auf. Der Luchs lebt in bewaldeten Bergregionen, möglichst weit entfernt von menschlichen Siedlungen, und verbringt als Jungtier viel Zeit in den Bäumen. Er hält keinen Winterschlaf, stattdessen wird sein Fell dichter und blasser und die großen Pfoten fungieren als »Schneeschu-

he«. Seine Beute sind kleine Säugetiere (etwa kleines Rotwild, Hasen und Eichhörnchen) sowie am Boden lebende Vögel, die er belauert oder aus dem Hinterhalt überfällt. Mit seinem feinen Gehör und scharfen Sehsinn lokalisiert er seine Opfer.

Die Paarung findet im Frühling statt, die Tragezeit beträgt 74 Tage. Kurz vor der Geburt sucht das Weibchen einen geschützten Ort auf, etwa eine Höhle oder einen hohlen Baum. Die Jungen, meist ein bis vier pro Wurf, werden blind geboren und sind komplett von ihrer Mutter, die sie wärmt, schützt und füttert, abhängig. Sie verlässt sie nur, wenn sie hungrig ist. Die Männchen beteiligen sich nicht bei der Aufzucht, und da sie sich jedes Jahr mit mehre-

Der Eurasische Luchs kann nur kurze Sprints hinlegen und verlässt sich bei der Lokalisierung seiner Beute auf seine Ohren und seine Augen. Er lauert seinen Opfern auf, da ihm für längere Verfolgungsjagden die Ausdauer fehlt.

ren Weibchen paaren, wäre es auch schwierig festzustellen, welche Jungen die ihren sind. Die Kleinen öffnen ihre Augen mit zwei Wochen und beginnen mit sechs Wochen, ihre Mutter auf kurzen Streifzügen zu begleiten. Sie sind sehr aktiv und können mit ihren scharfen Krallen bald auf Bäume klettern. Drei bis vier Monate werden sie gesäugt, verlassen aber die Mutter erst, wenn sie etwa ein Jahr alt sind.

LEOPARD (*Panthera pardus*)

Der Leopard ist eine muskulöse, mächtige Großkatze. Sein Fell ist für gewöhnlich gelbbraun bis sandfarben und weist dunkle, rosettenförmige Flecken auf, doch in einigen Gegenden gibt es völlig schwarze Varianten, die Panther genannt werden. Leoparden kommen in Afrika (vor allem südlich der Sahara, aber auch in Enklaven im Norden), im Mittleren Osten sowie in Südasien vor. Sie fühlen sich in verschiedenen Lebensräumen wohl, darunter Regenwälder, Sumpfländer, Bergregionen und Grasland. Die graziösen Jäger schleichen sich bei der nächtlichen Jagd geschickt an. Zu ihrer Beute gehören Gazellen, Impalas, Affen, Vögel, Reptilien und sogar Ziegen und Hunde. Leoparden können gut klettern, strecken sich zum Rasten oft auf einem Baum aus und halten die Balance, indem sie ihre Gliedmaßen baumeln lassen.

In einigen Regionen können sich Leoparden das ganze Jahr über paaren, wobei die Tragezeit 92 bis 112 Tage beträgt. An einem geschützten Ort, etwa in einer Höhle, Baumhöhle oder dichtem Buschwerk, kommen ein bis drei Junge zur Welt. Bei der Geburt blind, öffnen die Kleinen mit zehn Tagen die Augen. Ihr Fell ist länger und grauer als das erwachsener Tiere und hat weniger Flecken. Mit drei Monaten beginnen die Jungen, ihre Mutter auf ihren Jagdzügen zu begleiten. Die Entwöhnung dauert 114 bis 130 Tage. Mit einem Jahr können die Jungen selbst für ihr Futter sorgen, bleiben aber bis zu einem Alter von 18 Monaten bis zwei Jahren bei der Mutter.

Der Leopard verdankt sein erfolgreiches Überleben in der Wildnis seiner vielseitigen Jagdkunst, seiner Anpassungsfähigkeit an verschiedenste Lebensräume und seiner Schnelligkeit von bis zu 60 km/h.

GEPARD (*Acinonyx jubatus*)

Für den Geparden, eines der schnellsten Tiere der Welt, wurden bereits Geschwindigkeiten von fast 113 km/h gemessen. Dieses spektakuläre Tempo verdankt er seinen langen Beinen, dem schlanken muskulösen Körper und einem langen Schwanz zum Balancehalten; noch beeindruckender sind die plötzlichen Richtungswechsel beim Verfolgen der Beute. Der Gepard ist in Afrika südlich der Sahara und im Iran zu finden, wo er Gebiete mit hohem Gras bevorzugt, in dem er sich verstecken und an seine Opfer (Gazellen, Oryx, Impalas, Kaninchen,

Vögel und junge Warzenschweine) anschleichen kann. Seine Beute erspäht er zuerst oft von einem erhöhten Punkt, einem Felsen oder Baum, aus.

Geparden paaren sich das ganze Jahr über, die Tragezeit beträgt 90 Tage. Auch wenn bis zu acht Junge pro Wurf zur Welt kommen können, sind es meistens nur drei oder vier. Bei der Geburt sind sie grau und haben lange Haare auf dem Rücken, die der Tarnung dienen dürften. In den ersten Tagen trägt sie die Mutter von Ort zu Ort, um Räuber zu verwirren, während sie auf der Jagd ist. Trotzdem ist die Sterblichkeit hoch, viele Junge fallen Löwen zum Opfer. Mit sechs Wochen sind die Jungtiere in der Lage, ihrer Mutter zu folgen. Die Entwöhnung findet mit 120 bis 150 Tagen statt.

Zu den Anpassungen, die den Geparden zu extremen Geschwindigkeiten befähigen, gehören vergrößerte Nasenlöcher zur vermehrten Sauerstoffaufnahme sowie ein großes Herz, das mit der Lunge gemeinsam dafür sorgt, dass der Sauerstoff effizient im Organismus verteilt wird. Im Sprint steigt die Atemfrequenz von 60 auf 150 pro Minute. Der Schwanz dient als eine Art Ruder zur Steuerung.

LÖWE (*Panthera leo*)

Als zweitgrößte Großkatze nach dem Tiger ist der Löwe ein muskulöses Raubtier mit lohfarbenem Fell und dünnem Schwanz mit schwarzer Spitze. Die Männchen haben eine zottige Mähne und sind die einzigen Katzen mit diesem Merkmal. Babylöwen haben braune Flecken auf ihrem gräulichen Fell, bis sie drei Monate alt sind. Die meis-

Seit der Römerzeit wurden Löwen in Menagerien gezeigt; seit Ende des 18. Jahrhunderts waren sie gefragt und wurden in aller Welt zur Schau gestellt. Heute kooperieren Zoos weltweit bei Zuchtprogrammen für die bedrohte asiatische Löwenart.

ten Löwen leben in Afrika südlich der Sahara, wo sie Savanne und Buschland bevorzugen. Der einst weit verbreitete asiatische

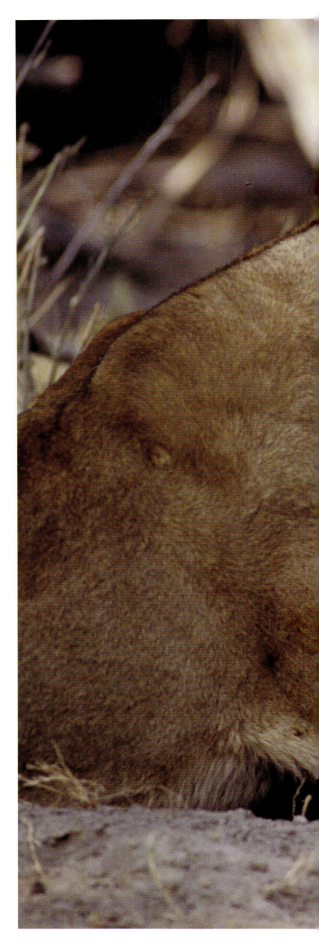

Löwe kommt heute nur noch im Gir-Nationalpark in Nordwestindien vor. Löwen leben in Gruppen von bis zu 40 Tieren, doch die meisten bestehen aus bloß einem Dutzend Tieren. Mehrere Männchen, meist Brüder, herrschen im Rudel, zu dem verwandte Weibchen und ihre Töchter gehören. Viele Aufgaben werden innerhalb des Rudels gemeinsam erledigt, etwa das Säugen der Jungen und die Jagd.

Die Löwinnen agieren als Jägerinnen für das Rudel und erlegen ihre Beute (in Afrika sind dies Zebras, Gnus, Büffel, Impalas und Giraffen) durch präzise und komplexe Teamarbeit. Männchen sind bei der Jagd weniger effektiv, pochen jedoch auf ihre Dominanz, wenn es ans Fressen geht.

Löwen paaren sich das ganze Jahr über, die Tragezeit beträgt drei bis vier Monate. Die ein bis sechs Jungen pro Wurf öffnen ihre Augen nach etwa elf Tagen. Mit etwa 15 Tagen können sie umhertapsen, mit etwa einem Monat laufen. Die Sterblichkeit bei Löwenjungen ist relativ hoch, und die Mutter hält ihre Jungen versteckt, bis sie rund acht Wochen alt sind. Sie werden bis zu einem Alter von zehn Monaten gesäugt, doch sie bleiben bis zu einem Alter von 16 Monaten von anderen Erwachsenen im Rudel abhängig. Männchen kümmern sich nicht direkt um den Nachwuchs, doch ihre Präsenz ist wichtig zum Schutz der Jungen vor rivalisierenden Männchen. Sie scheinen gegenüber Jungtieren auch außerordentlich tolerant zu sein, denn sie lassen sich im Spiel beißen und auf sich herumklettern.

JAGUAR (*Panthera onca*)

Diese kräftig gebaute Großkatze kommt vom Südwesten der USA bis nach Argentinien vor. Der Jaguar ähnelt dem Leoparden, ist jedoch stämmiger und hat einen größeren Kopf. Man findet ihn in verschiedenen Lebensräumen, darunter Regenwald und Buschland. Jaguare sind Einzelgänger und durchstreifen ihr Revier auf der Suche nach Beute, etwa Wild und Pekaris. Wenn es in seiner Umgebung Wasser gibt, jagt der Jaguar auch Fische, Schildkröten und kleine Alligatoren, denn er kann ebenso gut schwimmen wie klettern.

Jaguare sind mit drei Jahren geschlechtsreif. Nach 93 bis 110 Tagen bringt das Weibchen in einer sicheren Höhle oder einem Buschversteck ein bis vier Junge zur Welt. Die bei der Geburt blinden Jungen

Weil er scheu und durch Wilderei und die Zerstörung seines Lebensraums relativ selten ist, weiß man über das Verhalten des Jaguars in der Wildnis eher wenig. Hauptsächlich studiert man ihn in Gefangenschaft.

verlassen die Höhle erst nach zwei Wochen und werden mit 180 Tagen entwöhnt. Mit sechs Monaten bringt ihnen ihre Mutter, bei der sie zwei Jahre bleiben, das Jagen bei.

TIGER (*Panthera tigris*)

Mit einer Länge von rund 4 m und einem Gewicht von bis zu 300 kg ist die Subspezies Tiger die größte aller Raubkatzen, vergleichbar mit den größten ausgestorbenen Katzenarten. Man erkennt Tiger sofort an ihrem orangeroten Fell mit den schwarzen Streifen an den Flanken und den Schultern sowie an ihrem weißen Bauch; allerdings gibt es mehrere Variationen, darunter auch völlig weiße Exemplare mit braunen Streifen.

Tiger gehören zu den charismatischsten Großtieren dieser Welt. Sie tauchen in antiken Mythologien und Sagen auf, auf Fahnen und Wappen, als Sportmaskottchen und als Nationaltiere mehrerer asiatischer Nationen.

Das einst riesige Verbreitungsgebiet des Tigers in Asien ist heute auf Teile von Korea, China, Russland und Indien beschränkt, wo er verschiedenste Lebensräume bewohnt, darunter Regenwälder, Buschland und Mangrovenwälder. Er wird sowohl mit der Hitze in tropischen Gegen-

den als auch mit Temperaturen weit unter dem Gefrierpunkt fertig.

Die meiste Zeit lebt der Tiger als Einzelgänger, der sowohl tagsüber als auch nachts die dichte Vegetation durchstreift, wobei sein gestreiftes Fell ausgezeichnete Tarnung bietet. Er kann auch gut klettern und schwimmen. Seine Beute umfasst Tiere wie Hirsche, Wasserbüffel, Bären, Leoparden, Krokodile, Ratten und Schildkröten.

Tiger können sich das ganze Jahr über paaren, am häufigsten tun sie dies von November bis April. Nach rund 100 Tagen bringt das Weibchen ein bis sieben hilflose, blinde Junge zur Welt, die erst nach sechs bis 14 Tagen die Augen öffnen. In dieser gefährlichen Zeit bleibt die Mutter ständig bei ihnen. Mit etwa zwei Monaten begleiten die jungen Tiger ihre Mutter auf der Jagd und nehmen auch feste Nahrung zu sich, ob-

wohl sie 90 bis 100 Tage lang gesäugt werden. Mit sechs Monaten nehmen sie auch aktiv an der Jagd teil, nachdem sie von der Mutter gelernt haben, wie man sich anschleicht, fängt und tötet. Diese Fähigkeiten üben die Jungen auch in Kampfspielen. Bis zu einem Alter zwischen 18 Monaten und drei Jahren bleiben Tiger bei ihrer Mutter, danach brechen sie auf, um ihr eigenes Revier zu gründen.

SCHNEELEOPARD (*Panthera uncia*)

Der Schneeleopard oder Irbis ist ein seltener und scheuer Bewohner der Hochgebirge in Zentralasien, wobei er alpine Steppen und Nadelwälder vorzieht, aber auch in der Wüste Gobi zu finden ist. Er hat ein dichtes, weiches Fell und nützt seinen langen, buschigen Schwanz als Gegengewicht beim Springen. Wenn er ruht, wickelt er ihn um seinen Körper. An den Körperoberseiten ist sein Fell cremefarben oder rauchgrau, an den Unterseiten weiß; im Winter wird der Pelz oft heller. Sein Fell ist mit dunklen Punkten, Ringen oder Rosetten übersät, der Kopf mit Punkten. Die Ohren sind Schneeleoparden sind an ihre Umwelt gut angepasst: Die großen Pfoten fungieren als Schneeschuhe und die zum Springen gebauten Hinterbeine sind länger als die Vorderbeine. Durch die großen Nasenlöcher kann er in der dünnen, kalten Luft in den großen Höhen seines Lebensraums möglichst viel Sauerstoff einatmen.

klein und stark behaart – eine Anpassung an die Kälte –, ebenso die großen Pfoten, mit denen der Leopard auch im Schnee guten Halt findet. Den Großteil seiner Beute stellen Schafe, Murmeltiere, Mäuse und Wild, gelegentlich auch ein Rind dar.

Der Einzelgänger teilt sein Revier nur, wenn er sich paart, was meist zwischen Dezember und März der Fall ist. Nach einer Tragezeit von 100 Tagen kommen in einer Höhle, die die Mutter zuvor mit ihrem Fell ausgekleidet hat, ein bis fünf Junge zur

Welt. Die blind geborenen Jungen öffnen ihre Augen nach neun Tagen. Mit drei Monaten verlassen sie erstmals die Höhle, um ihrer Mutter zu folgen, doch sie bleiben etwa ein Jahr lang abhängig von ihr. Die Entwöhnung findet mit 50 bis 180 Tagen statt.

KALIFORNISCHER SEELÖWE
(*Zalophus californianus*)

Dieses Meeressäugetier war früher oft im Zirkus zu sehen und ist heute noch eine Attraktion in Zoos und Wasserparks. Der Kalifornische Seelöwe lebt in Gruppen an der Westküste Nordamerikas, doch auch auf den Galapagosinseln, wo er mit seinen mächtigen Flossen nach Fischen und Tintenfischen taucht. Manchmal kommt er auch auf Stegen, Dämmen oder Stränden an Land, um sich zu sonnen.

In der Paarungszeit, vor allem im Juli, beansprucht das Männchen für mehrere Wochen ein Revier an entlegenen Stränden und Inseln. Nach einer Tragezeit von elf

An warmen Tagen bleiben Seelöwen in Ufernähe, doch nachts oder wenn es kälter wird, wandern sie landeinwärts. Außerhalb der Paarungszeit versammeln sie sich oft in Häfen oder an Kais, die ihnen ein gewisses Maß an Sicherheit vor ihren natürlichen Feinden, Orcas und weißen Haien, bieten.

Monaten kommt im Mai oder Juni ein einziges Junges mit dunklem Fell zur Welt. Es kann bei der Geburt bereits schwimmen und sich nach einer Stunde auch an Land bewegen. Die Mutter säugt es etwa sechs Monate bis zu einem Jahr. Mithilfe von Duftnoten findet sie unter den vielen gleich aussehenden Jungtieren ihr eigenes.

SEEHUND (*Phoca vitulina*)

Seehunde sind die am weitesten verbreitete Robbenart (lateinisch Pinnipedia, »Flossenfüßer«, zu denen Hundsrobben, Ohrenrobben und Walrosse gehören). Man findet sie in den gemäßigten bis arktischen Gewässern zu beiden Seiten des Atlantiks und des Nordpazifiks. Seehunde sind für gewöhnlich Einzelgänger, außer in der Paarungszeit, zur Jungenaufzucht und wenn sie sich an den Strand hieven, um sich gemeinsam mit ihren Artgenossen in der Sonne zu aalen. Doch selbst dann bleiben sie gern für sich und reagieren zornig, wenn sich ein anderer Seehund zu nahe wagt. Seehunde ernähren sich von Schalentieren, Tintenfischen und Fischen.

Seehunde sind braun, hellbraun oder grau und haben eine charakteristische V-förmige Nase. Adulte Tiere können bis zu 1,86 m lang und bis zu 131,5 kg schwer werden.

Paarungen finden im Allgemeinen vom Frühjahr bis zum Herbst im Wasser statt. Zuvor spielen Weibchen und Männchen, beißen einander in den Nacken und produzieren Luftblasen. Nach einer Tragezeit von elf Monaten wird ein einzelnes, wollig behaartes Junges geboren, das bereits schwimmen und nach wenigen Tagen auch tauchen kann. Gesäugt wird das Junge etwa drei Wochen lang, danach müssen die jungen Seehunde bereits für sich selbst sorgen.

KEGELROBBE (*Halichoerus grypus*)

Kegelrobben findet man in gemäßigten und subarktischen Gewässern zu beiden Seiten des Nordatlantiks, an Felsenküsten, auf Inseln oder Eisschollen. Der Großteil ihrer Nahrung besteht aus Fischen, Tintenfischen und Schalentieren, die sie meist unter Wasser im Ganzen verschlucken. Kegelrobben sind beim Fressen gesellig und versammeln sich, wenn es reiche Beute gibt. Kopf und Schnauze der männlichen Kegelrobbe sind langgestreckt (daher der englische Spitzname »Pferdekopf«).

Die Paarungszeit variiert je nach Population zwischen Dezember und Oktober. Die Paarungsgründe liegen an Stränden, Inseln und Eisschollen. Davor fressen beide Geschlechter ausgiebig: das Weibchen vor allem, weil es sein Junges nach der Geburt aus seinen Reserven füttern muss. Nach einer Tragezeit von elf Monaten wird meist

In den USA findet man Kegelrobben in großer Zahl an der Ostküste bis New Jersey, in den Gewässern vor den Neuengland-Staaten und, etwas weniger häufig, vor den mittelatlantischen Bundesstaaten, obwohl sich ihre natürliche Verbreitung bis nach Virginia erstreckt.

ein einzelnes Jungtier geboren. Die Neugeborenen haben einen langen, cremefarbenen Pelz, der nach drei Wochen durch ein normales Fell ersetzt wird. Sie werden etwa zwei Wochen lang von ihrer aufmerksamen, schützenden Mutter gesäugt. Nach der Entwöhnung paart sich das Weibchen abermals und überlässt das Jungtier sich selbst. Dieses bleibt an Land und lebt von seinen Fettreserven, bis sein Fell abermals erneuert ist. Dann stürzt es sich ins Meer, um zu jagen. Junge Kegelrobben können sich Hunderte Meilen von ihrem Geburtsort entfernt niederlassen.

INDISCHER ELEFANT
(*Elephas maximus*)

Die kleinere der beiden Elefantenarten hat kleinere Ohren, einen stärker gekrümmten Rücken und nur einen Greiffinger an ihrem Rüssel. Trotzdem ist der Indische Elefant eine eindrucksvolle und mächtige Erscheinung und gehört mit 3 m Schulterhöhe zu den größten landlebenden Säugetieren der Welt. Sein Lebensraum in Indien und Südostasien umfasst Buschwälder ebenso wie Dschungelgebiete, wo er sich von Pflanzen wie Gräsern, Borken, Wurzeln, Ästen und Blättern ernährt. Die Pflanzen werden zuerst mit dem Rüssel gepackt und dann in den Mund transferiert.

Elefanten sind gesellige Tiere; eine Herde besteht für gewöhnlich aus einem älteren Weibchen und rund 20 jüngeren Weibchen mit ihren Jungen und manchmal auch einem Männchen. Männchen ziehen oft allein oder in losen Gruppen umher. Die heißesten Stunden des Tages verbringen

Großteils domestiziert, dient der Indische Elefant seit Jahrhunderten zum Transport von Holzstämmen sowie zu religiösen und kultischen Zwecken.

Elefanten im Schatten, wobei die großen Ohren helfen, die Hitze abzuleiten.

Meistens paaren sich nur dominante Männchen mit Weibchen. Paarungen finden das ganze Jahr über statt, und nach einer Tragezeit von 18 bis 22 Monaten bringt ein Weibchen alle drei bis vier Jahre ein Kalb zur Welt, das bereits kurze Zeit später stehen kann. Bei der Geburt wiegt ein Indischer Elefant bis zu 100 kg. Wenige Tage danach beginnt er bereits Gras zu fressen, wird jedoch bis zu vier Jahre lang gesäugt. Er frisst auch die Exkremente der Mutter, die Nährstoffe und nützliche Bakterien zur Zelluloseverdauung enthalten. Noch einige Jahre lang hat die Mutter ein Auge auf ihr Junges, selbst wenn es bereits entwöhnt ist, und das Junge hält sich stets in ihrer Nähe auf, wenn die Herde weiterzieht.

AFRIKANISCHER ELEFANT
(*Loxodonta africana*)

Der eindrucksvolle Afrikanische Elefant ist das größte Landtier der Welt, wobei ausgewachsene Bullen eine Schulterhöhe von 3,75 m erreichen. Von ihren indischen Verwandten unterscheiden sich Afrikanische Elefanten durch größere Ohren, längere Stoßzähne und zwei Greiffinger am Ende des Rüssels. Einst durchstreiften die sanften Riesen weite Gebiete südlich der Sahara, doch durch die Zerstörung ihres Lebensraums, Jagd und Wilderei ist ihr Verbreitungsgebiet heute auf wenige Naturreservate im Süden Afrikas beschränkt.

Afrikanische Elefanten sind bei Tag und Nacht aktiv und durchwandern Savannen, Trockengebiete und Wälder. Die Herden umfassen oft 200 Tiere, manchmal sogar mehr. Sie fressen Blätter, Wurzeln, Früchte, Jungtriebe und manchmal auch Getreide. Die Elefantengemeinschaft ist ein Matriarchat; eine alte Elefantenkuh führt eine Gruppe von etwa einem Dutzend untergeordneten, verwandten Weibchen mitsamt deren Jungen an. Ab der Geschlechtsreife gehen Elefantenbullen ihre eigenen Wege oder tun sich zu Gruppen zusammen.

Wenn die Paarungszeit kommt, zeigen Männchen ihre Dominanz, indem sie den Kopf schütteln, trompeten, Ohren und Rüssel aufstellen und den Kopf schwingen. Nach einer Tragezeit von 22 Monaten kommt für gewöhnlich ein Junges zur Welt, das bei der Geburt rund 120 kg wiegt. Nach kurzer Zeit bereits kann es seiner Mutter folgen – was auch notwendig ist,

Afrikanische Elefanten essen große Mengen an Pflanzen, die sie ausscheiden, bevor sie vollständig verdaut sind. Durch die großen Distanzen, die sie täglich zurücklegen, sorgen sie auf diese Weise für die Befruchtung und Verbreitung unzähliger Samen.

damit es nicht Löwen und anderen Räubern zum Opfer fällt. Das Jungtier wird mindestens zwei Jahre lang gesäugt, kann aber noch viel länger bei seiner Mutter bleiben – wenn es sich um ein Weibchen handelt, sogar ein Leben lang. So lange es wächst, helfen andere Weibchen in der Herde – manchmal auch ältere Geschwister –, das Junge zu schützen und aufzuziehen; sie säugen es sogar von Zeit zu Zeit. Die Geschlechtsreife erreichen Afrikanische Elefanten mit zehn bis zwölf Jahren.

STEPPENZEBRA (*Equus burchelli*)

Das Steppenzebra lebt in den Savannen und Ebenen Ost- und Südafrikas, wo es in kleinen Gruppen – bestehend aus einem Männchen, seinem Harem von Weibchen und deren Jungen – umherzieht. Manchmal bilden sich aus mehreren solchen Gruppen große Herden. Das schwarz-weiße Fellmuster verwirrt Räuber. Wenn eine Herde Zebras zusammensteht, bricht das Muster die Umrisse der Tiere auf, sodass es für Löwen und andere Raubtiere schwierig wird, ein einzelnes Tier als Opfer anzuvisieren. Zebras sind tagaktiv und verbringen ihre Zeit damit, im Grasland von Wasserloch zu Wasserloch zu ziehen.

Fohlen – meist Einzelkinder – kommen das ganze Jahr über zur Welt, die meisten jedoch in der Regenzeit im Dezember und Jänner. Die Tragezeit beträgt 370 Tage. Innerhalb einer Viertelstunde können neugeborene Zebras stehen und innerhalb einer Stunde bei ihrer Mutter Milch trinken. In den ersten Lebenstagen vertreibt die Mutterstute andere Herdenmitglieder, wenn sie zu nahe kommen, doch danach beginnt das Fohlen, mit der Herde zu interagieren. Stuten sind bei der Verteidigung ihrer Jungen sehr energisch,

Quaggas waren die erste ausgestorbene Tierart, deren DNA untersucht wurde; die genetische Forschung am Smithsonian Institute ergab, dass es sich nicht um eine eigene Spezies gehandelt hat, sondern dass sie sich vor 120.000 bis 290.000 Jahren aus dem überaus variablen Steppenzebra, Equus burchelli, *entwickelt hat, weshalb sie* Equus burchelli quagga *genannt werden sollte.*

sie beißen und treten, um potenzielle Jäger zu vertreiben, doch leider fallen viele junge Zebras Löwen, Hyänen und ähnlichen Räubern zum Opfer. Das Fohlen wird rund ein Jahr gesäugt.

BREITMAULNASHORN
(*Ceratotherium simum*)

Mit ihrem charakteristischen Horn, dem stämmigen, gepanzerten Körper und dem Ruf, Aggressoren mit gesenktem Kopf anzugreifen, gehören Nashörner zu den bekanntesten der afrikanischen Großwildarten. Mit 4 m Länge ist das Breitmaul- oder weiße Nashorn der größte Vertreter der Nashornfamilie. Nach Jahrzehnten ungehinderter Jagd und Wilderei ist es heute vom Aussterben bedroht und kommt nur noch in Naturreservaten in Süd- und Nordostafrika vor, wo es von Gräsern und anderen Pflanzen lebt. Weibchen mit ihren Jungen finden sich oft zu Gruppen zusammen, Männchen hingegen leben als Einzelgänger.

Das Breitmaulnashorn paart sich das ganze Jahr über, am häufigsten jedoch im Sommer und Herbst. Nach einer Tragezeit von 16 Monaten kommt ein einzelnes Kalb zur Welt, das kurz nach der Geburt bereits laufen kann. Wie bei vielen anderen großen Pflanzenfressern in den offenen Steppen ist es für das Überleben des Jungen unabding-

Es gibt zwei Unterarten des Breitmaulnashorns; häufiger ist das Südliche Breitmaulnashorn (Ceratotherium simum simum), das vor allem in Südafrika vorkommt. Wenn die richtigen Bedingungen herrschen, pflanzt es sich auch in Gefangenschaft gut fort.

bar, dass es rasch mobil ist. Es wird zwei Jahre lang gesäugt und bleibt in dieser Zeit bei seiner Mutter. Wenn das Jungtier zwei bis drei Jahre alt ist, ist die Mutter erneut paarungsbereit, und das Junge wird vertrieben, um sein eigenes Leben zu beginnen.

WILDSCHWEIN (*Sus scrofa*)

In Europa, Afrika und Asien, von Sibirien bis nach Südostasien, lebt das Wildschein in Wäldern und offenen Waldgebieten. Der schwere Körper des Tieres ist mit borstigem Haar bedeckt, Männchen besitzen vorstehende Eckzähne. Wildschweine leben in Gruppen von rund 20 Tieren, bestehend aus Müttern (»Bachen«) und ihren Jungen. Männchen (»Eber«) leben alleine, oft aber im näheren Umkreis der Gruppe. Wildschweine sind tagsüber und nachts aktiv und fressen Knollen, Wurzeln und Nüsse, wenn sie sich nicht gerade im dichten Buschwerk ausruhen.

In der Paarungszeit bekommen die Eckzähne große Bedeutung, denn sie wer-

Nach dem Weißwedelhirsch sind Wildschweine die beliebteste in die USA eingeführte Tierart. Hier nennt man sie Razorbacks, Russisches oder Europäisches Wildschwein.

den als Stichwaffen im Kampf um das Recht, sich zu paaren, eingesetzt. Die Jungen kommen nach 100 bis 140 Tagen Tragezeit zur Welt, wobei ein Wurf aus ein bis zwölf Frischlingen besteht. Diese bleiben etwa zehn Tage in einem Nest aus Gras und werden mit Muttermilch ernährt. Das Fell der Jungtiere ist gestreift, wodurch sie im Laub besser getarnt sind. Bis zur Entwöhnung dauert es etwa vier Monate, mit rund sieben Monaten sind die Kleinen fähig, selbstständig zu überleben.

FLUSSPFERD
(*Hippopotamus amphibius*)

Das gewaltige Fluss- oder Nilpferd ist hervorragend an ein Leben in Flüssen und Seen angepasst. Es kann gut schwimmen und tauchen – und sogar auf dem Grund eines Sees laufen – und seine Füße sind mit Schwimmhäuten versehen. Heute kommt es noch im Niltal in Ostafrika vor, nachdem es im Großteil seines ursprünglichen Verbreitungsgebiets südlich der Sahara fast ausgerottet wurde. Den größten Teil des Tages verbringt das »Hippo« im Wasser, wo es sich treiben lässt und nur Augen, Ohren und Nüstern zu sehen sind. Nachts kommt

es an Land, um zu rasten und zu grasen. Es wurden schon Gruppen von 30 Tieren – Mütter mit ihren Jungen – gesichtet. In der Paarungszeit kämpfen Männchen heftig um die Weibchen.

Flusspferde sind ganzjährig paarungsbereit, vor allem aber im Februar und August. Nach 230 bis 240 Tagen wird ein einzelnes Kalb geboren, wobei die Geburt mit der Zeit des dichtesten Pflanzenbestands zusammenfällt. Gesäugt wird das Junge ein Jahr lang, meist unter Wasser. Häufig reitet das Kleine im Wasser aus Sicherheitsgründen auf dem Rücken der Mutter.

Die Haut des Nashorns sondert eine natürliche, rötlich gefärbte Sonnenschutzsubstanz ab, die auch »Blutschweiß« genannt wird, obwohl es sich weder um Blut noch um Schweiß handelt. Das Sekret ist zunächst farblos und wird nach kurzer Zeit rot, dann braun.

DAMHIRSCH (*Dama dama*)

Zum natürlichen Verbreitungsgebiet des Damhirschs gehören Südeuropa, Kleinasien und Nordafrika, doch er wurde auch in Nord- und Südamerika, Australien und Neuseeland eingebracht. Diese Hirschart kommt in unterschiedlichsten Lebensräumen zurecht, darunter auch Buschland und subalpine Vegetation, bevorzugt werden jedoch gemäßigte Laubwälder mit grasbestandenen Lichtungen. Damhirsch-Männchen besitzen ein großes, schaufelförmiges Geweih. Beide Geschlechter haben weiße Flecken in ihrem Fell, das viele Farbtönungen haben kann, bei einigen Tieren sogar weiß oder schwarz.

Auf der Nordhalbkugel liegt die Paarungszeit zwischen September und Jänner. die Hirsche verteidigen ein Revier und treiben die Hirschkühe zur Paarung dorthin. Nach einer Tragezeit von 33 bis 35 Wochen kommt ein einzelnes Junges zur Welt, meist an einem abgeschiedenen Ort, den die Mutter zuvor für diesen Zweck ausgewählt hat. Die Mutter leckt das Neugeborene sauber, wobei die so wichtige Mutterbindung begründet wird. Das Kitz bleibt still in seinem Versteck, bis die Mutter zum Säugen zurückkehrt, was sie bis zum siebten Lebens-

Damhirsche wurden in einigen Gegenden in Mittelgeorgia eingeführt, wo sie sich in Abwesenheit natürlicher Feinde schnell vermehrten und dem jungen Baumbestand ernsthafte Schäden zufügten. Auch nach Texas wurden sie, ebenso wie viele andere exotische Hirscharten, eingebracht; dort werden sie auf großen Wildfarmen gehalten.

monat mehrmals täglich tut. Nach etwa drei Wochen schließen sich Mutter und Kitz wieder der Herde der anderen Weibchen mit deren Jungen an. Mit einem Jahr werden junge Damhirsche unabhängig.

GIRAFFE (*Giraffa camelopardalis*)

Mit einer Höhe von 5,3 m ist die Giraffe das größte aller Tiere. Diese beeindruckende Höhe erreicht sie durch ihre langen Beine und ihren überlangen Hals. Sie ist dadurch in der Lage, in den höchsten Bäumen zu grasen, wo andere Pflanzenfresser nicht hingelangen. Dies ist eine Methode der Evolution, die sicherstellt, dass ähnlich lebende Tierarten nicht alle um dasselbe Futter konkurrieren. Giraffen bewohnen die Savanne und offene Waldgebiete Afrikas südlich der Sahara. Sie leben in Herden von sechs bis zwölf Tieren zusammen, bestehend aus einem Männchen sowie mehreren Weibchen und deren Jungen.

Die Paarung findet in der Regenzeit statt; nach einer Tragezeit von 455 Tagen kommt in der Trockenzeit zwischen Mai und August meist ein einzelnes Junges zur Welt. Die Mutter gebiert im Stehen, sodass das Kalb aus 2 m Höhe fällt. Nach diesem etwas groben Start ins Leben steht das Jun-

ge auf und kann schon nach 15 Minuten Milch trinken. In den ersten Monaten versteckt die Mutter ihr Kalb auf dem Boden; sie bleibt jedoch in der Nähe und kommt nachts zurück, um ihr Kleines zu säugen. Nach wenigen Wochen wird das Junge in der Herde aufgenommen und von allen Weibchen der Gruppe umsorgt. Dadurch kann die Mutter selbst in Ruhe fressen und

rasten, um für das nächtliche Stillen gewappnet zu sein.

Entwöhnt wird nach zwölf bis 16 Monaten. Junge Weibchen bleiben bei der Herde, doch junge, selbstständige Männchen verlassen die Herde, um sich selbst eine zu erobern, indem sie das dort herrschende Männchen vertreiben. Weibchen werden mit drei bis vier Jahren geschlechtsreif,

Leider fallen viele junge Giraffen Löwen, Leoparden, Tüpfelhyänen und wilden Hunden zum Opfer, auch wenn sie durch ihr Fleckenmuster bis zu einem gewissen Grad getarnt sind. Nur 25 bis 50 Prozent der Jungtiere erreichen das Erwachsenenalter.

Männchen mit vier bis fünf; es dauert jedoch oft noch Jahre, bis sie sich paaren.

AMERIKANISCHER BISON
(*Bison bison*)

Einstmals zogen Millionen Bisons über die weiten Prärien Nordamerikas, doch die Siedler jagten sie fast bis zur Ausrottung.

Entschlossene Erhaltungsprogramme ließen ihre Zahl wieder ansteigen und es gibt heute wieder halbwilde Herden im Westen der Vereinigten Staaten und im kanadischen Nordwestterritorium. Der Amerikanische Bison ist ein riesiges, eindrucksvolles, gra-

Amerikanische Bisons werden oft auch Büffel genannt, obwohl sie keine echten Büffel sind. Zur Gattung Bison gehören der Amerikanische Bison und der Europäische Bison oder Wisent, eine wilde Horntierart, die näher mit Hausrind und Yak verwandt ist.

sendes Tier mit einem buckligen Rücken und zottigem Fell an Kopf, Schultern und Vorderbeinen.

Die Paarungszeit beginnt im Juni und endet im September. Nach einer Tragezeit von etwa 285 Tagen kommt im dichten Buschwerk abseits der Herde ein einzelnes Kalb zur Welt. Sein rötliches Fell wird erst nach einigen Monaten braun. Innerhalb weniger Stunden kann das Bisonkalb stehen und laufen; es bleibt nahe bei seiner Mutter. Diese umsorgt und säugt es etwa ein halbes Jahr, dann wird es entwöhnt. Bullen sind an der Aufzucht der Jungen nicht beteiligt.

SCHNEEZIEGE
(*Oreamnos americanus*)

Die Schneeziege, auch Bergziege genannt, erkennt man an ihrem charakteristischen dichten weißen Fell, dem Bart und den schwarzen Hörnern. Die ovalen Hufe sind speziell angepasst, um in felsigem Gelände guten Halt zu bieten. Ihr natürliches Verbreitungsgebiet umfasst Alaska, Westmontana und Idaho, sie wurde aber auch in Gebieten wie South Dakota eingeführt. Sie bevorzugt steiles, felsiges Gelände bis zu 2500 m Seehöhe, wobei sie im Winter in tiefere Lagen zieht.

Die Brunftzeit beginnt im September, die Paarungszeit im November. Nach einer Tragezeit von rund 160 Tagen werden ein

TIERBABYS

bis drei Junge geboren. Die Ziege zieht sich dazu auf eine hohe Klippe zurück, damit kein Räuber an den Nachwuchs herankommt. Kurz nach der Geburt können die Jungziegen bereits laufen, mit drei bis vier Monaten werden sie entwöhnt. Von klein auf müssen sie sehr agil sein und sich in den Felsen sicher bewegen können. Die Zicklein üben ihre Klettertechniken, indem sie auf dem Rücken ihrer Eltern herumklettern. Nach der Entwöhnung bleiben die Jungen für gewöhnlich bei der Mutter, bis sie die nächsten Jungen zur Welt bringt.

In tieferen Regionen unterhalb der Baumgrenze schützen weibliche Schneeziegen sich und ihren Nachwuchs, indem sie gegen Räuber wie Wölfe, Vielfraße, Pumas, Luchse und Bären kämpfen. Sehr junge Geißen leben in der ständigen Gefahr, von einem Steinadler geraubt zu werden.

EUROPÄISCHES EICHHÖRNCHEN
(*Sciurus vulgaris*)

Das Verbreitungsgebiet des Europäischen Eichhörnchens umfasst die Wälder Europas und Nordasiens. In Großbritannien, wo es früher in großer Zahl vertreten war, kommt es nur noch selten vor; sein Platz wurde von einer eingebrachten amerikanischen Spezies, dem Grauhörnchen (*Sciurus carolinensis*), eingenommen. Das Eichhörnchen lebt sowohl in Laub- als auch Nadelbäumen und ernährt sich hauptsächlich von Samen, Fichtenzapfen und Eicheln. Überschüssiges Futter wird in Baumhöhlen versteckt oder im Boden vergraben.

Aus Zweigen, Moos und Gräsern baut das Eichhörnchen ein kugelförmiges Nest, genannt Kobel. Ein Tier kann auch mehrere Kobel haben. Wie das Grauhörnchen, so halten auch Eichhörnchen keinen Winterschlaf, bleiben jedoch bei schlechtem Wetter oft tagelang in ihrem Kobel. Zur Paarung kommt es zwischen Jänner und März und nach 36 bis 42 Tagen bringt das Weibchen ein bis acht Junge zur Welt. Diese werden blind und haarlos geboren. Mit 30 Tagen öffnen sie ihre Augen, nach 45 Tagen

Obwohl sich Eichhörnchen für gewöhnlich daran erinnern, dass sie Futtervorräte angelegt haben, ist ihr räumliches Gedächtnis weitaus weniger genau als das von Grauhörnchen. Oft suchen sie nach ihren Futterverstecken, ohne sie jemals wiederzufinden.

verlassen sie erstmals das Nest. Mit sieben bis zehn Wochen werden sie entwöhnt, mit 16 Wochen sind sie selbstständig. Um die Jungen kümmert sich nur das Weibchen, das unter günstigen Bedingungen in einem Jahr auch zwei Würfe zur Welt bringt.

GRAUHÖRNCHEN
(*Sciurus carolinensis*)

Das ursprüngliche Verbreitungsgebiet der Grauhörnchen lag im Osten der USA und in Teilen von Kanada. Durch Einführung findet man es heute auch im Westen der USA und etwa auch in Großbritannien. In diesem Land hat das Grauhörnchen das ursprünglich ansässige Eichhörnchen großteils vertrieben. Das Grauhörnchen bevorzugt Laubwälder, vor allem Eichen, ist aber auch in Nadel- und Mischwäldern zu finden. Es frisst Früchte, Samen, Insekten und Eier. Wie sein Vetter ist es an das Leben in den Bäumen gut angepasst sowie ein akrobatischer Kletterer und Springer, der mit seinem Schwanz die Balance hält.

Im Frühjahr beginnend werden jedes Jahr nach einer Tragezeit von jeweils 44 Tagen zwei Würfe zur Welt gebracht. Ein Wurf besteht aus zwei bis vier blinden und

Wenn Grauhörnchen klein sind, wissen sie noch nicht, was sie als Nahrung vertragen; daher sammeln sie die verschiedensten Dinge, die sie angeknabbert und halb gefressen wieder wegwerfen.

nackten Jungen (selten bis zu acht). Sie werden bis zu zehn Wochen lang gesäugt und im Nest (Kobel) aufgezogen, bis sie selbstständig sind.

STREIFEN-BACKENHÖRNCHEN
(*Tamias striatus*)

Dieses freche, neugierige Nagetier findet man in weiten Gebieten im Osten Nordamerikas, aber auch in Minnesota, Wisconsin, Iowa, Illinois und Michigan sowie im Südosten Kanadas. Streifen-Backenhörnchen legen flache unterirdische Baue an, oft unter Baumstämmen oder Felsen; diese können bis zu 9 m lang sein und aus mehre-

Streifen-Backenhörnchen bevorzugen Lebensräume, in denen es zahlreiche Erd- und Felsspalten gibt, wo sie Zuflucht suchen können, sowie erhöhte Aussichts- und Rufpunkte. Man findet sie auch in Städten und Vorstädten, wo sie sich in Höfen und unter Veranden einnisten.

ren Tunneln bestehen. Es gibt verschiedene Ein- und Ausgänge, die mit Blättern und Steinen vor Räubern verborgen werden.

Backenhörnchen fressen Verschiedenstes, vor allem Nüsse, Samen, Früchte, Vogeleier und Insekten. Der englische Name »Chipmunk« ist auf den »chip-chip«-Laut zurückzuführen, den sie oft von sich geben.

Nach einer Tragezeit von jeweils rund 31 Tagen bringt das Weibchen zweimal pro Jahr zwischen ein und vier Junge zur Welt, es sind aber auch schon bis zu neun Junge pro Wurf vorgekommen. Die Kleinen werden im sicheren Bau geboren, wo sie von ihrer Mutter umsorgt werden. Sie verlassen ihn erst, wenn sie sechs Wochen alt sind und selbstständig werden. Die Geschlechtsreife erreichen sie mit etwa einem Jahr.

EUROPÄISCHER BIBER (*Castor fiber*)

Wie sein nordamerikanischer Vetter, so ist auch der Europäische Biber einer der besten Baumeister der Natur. Er fällt Bäume, indem er sie mit seinen scharfen, meiselartigen Zähnen durchnagt, um damit Dämme in Flüssen oder Seen zu errichten. In dem so entstandenen Teich baut er sich seine sogenannte Biberburg. Nach dem Wasserschwein ist er das zweitgrößte Nagetier der Welt und gut an seinen Lebensstil angepasst. Er besitzt einen flachen, spatenförmigen Schwanz, den er zum Schwimmen benützt, Schwimmhäute an den Füßen sowie ein dichtes, isolierendes Fell und kann unter Wasser Nüstern und Ohren verschließen. Er frisst alle Arten von Pflanzen, auch Zweige und Borke.

Biber pflanzen sich einmal pro Jahr im Jänner oder Februar fort. Nach einer Tragezeit von 105 Tagen umfasst ein Wurf ein

Der Europäische Biber ist eine bedrohte Tierart; in Europa wurde er fast bis zur Ausrottung gejagt wegen seines Fells und des sogenannten Bibergeils, einem Duftsekret, dem medizinische Wirkung zugeschrieben wurde.

bis drei Junge, die mit vollem Fell und offenen Augen geboren werden. Sie werden drei Monate gesäugt, können aber nach ein paar Wochen bereits auch anderes Futter zu sich nehmen. In den ersten fünf Wochen bleiben die Jungen in der Burg, dann gehen sie erstmals ins Wasser. Biber leben in Familien, die aus dem Elternpaar, den Neugeborenen und Jungen aus Vorjahreswürfen bestehen. Zusammen kümmern sich Eltern und Geschwister um Pflege und Fütterung der jüngsten Familienmitglieder. Einjährige Biber beteiligen sich bereits an Aktivitäten wie dem Bau von Dämmen. Mit zwei Jahren entfernen sie sich für gewöhnlich von der Familie, um eine eigene zu gründen.

ZWERGMAUS
(*Micromys minutus*)

Dieses winzige, hübsche Nagetier ist nur 11 cm lang. Man findet es in Europa östlich des Urals, wo es auf Äckern, in Hecken und Schilfgebieten lebt, wo immer es sein rundes, abgeflachtes Nest, das rund 10 cm im Durchmesser misst, bauen kann. Kleinere, nicht zum Gebären gebaute Nester sind etwa halb so groß und werden näher am Boden errichtet als die Wurfnester, die hoch in den Pflanzen hängen, wo sie vor Räubern und Überflutungen geschützt sind. Zwergmäuse sind extrem geschickte Kletterer, die sich mit dem Greifschwanz an Kornähren und anderen Pflanzen festklammern. Ihr Futter besteht vor allem aus Samen, Insekten und Pilzen; einiges davon wird unterirdisch als Vorrat gelagert.

Die Paarungszeit liegt zwischen Mai und Oktober, wobei das Weibchen für ge-

Die Zwergmaus ist das kleinste Nagetier Europas und das einzige Altweltsäugetier mit einem echten Greifschwanz.

wöhnlich dreimal pro Jahr bis zu sieben Junge zur Welt bringt. Die winzigen Zwergmäuse werden im Wurfnest geboren und von ihrer Mutter 15 Tage gesäugt. Danach verlässt sie sie, und die Jungen können noch einige Tage im Nest bleiben, bevor sie ihr eigenes unabhängiges Leben beginnen.

HAUSMAUS (*Mus musculus*)

Als eines der am weitesten verbreiteten Nagetiere der Welt findet man die Hausmaus nicht nur in Häusern und von Menschen errichteten Bauten, sondern auch auf Müllplätzen und in Hecken. Eigentlich stammt sie aus Asien, verbreitete sich jedoch in alle Welt und konkurriert vermutlich mit der Wanderratte um den Titel des am weitesten verbreiteten wild lebenden Säugetiers. Ihr Erfolgsgeheimnis ist ihre Anpassungsfähigkeit; sie kann fast überall leben, fast alles fressen und pflanzt sich rasch fort.

Das Weibchen wirft fünf- bis zehnmal pro Jahr, wobei ein Wurf vier bis acht Junge umfasst. An einem ruhigen Ort werden sie in einem Nest geboren, das mit weichen Materialien ausgepolstert ist. In Häusern

Hausmäuse laufen meistens auf allen vieren, setzen sich jedoch auf die Hinterbeine, wenn sie fressen, kämpfen oder sich orientieren.

werden dafür zum Beispiel Sägespäne, zerkautes Papier oder Stoffreste verwendet.

Die Jungen werden drei Wochen gesäugt, danach sind sie auf sich selbst angewiesen.

245

SCHNEESCHUHHASE
(*Lepus americanus*)

Den Schneeschuhasen findet man in Wäldern und dichter Vegetation in ganz Kanada, Alaska sowie einigen Gegenden im Osten und im Westen der USA. Im Sommer besitzt er ein dunkelbraunes Fell, das im Winter weiß wird, bis auf die schwarzen Ohrenspitzen. Mit diesem Pelz ist er im Schnee gut getarnt. Dieser echte Hase hat stark behaarte Hinterläufe mit weit gespreizten Zehen, mit denen er sich im Schnee leicht fortbewegen kann. Im Vergleich zu anderen Hasen sind seine Ohren relativ klein, um den Wärmeverlust zu reduzieren. Schneeschuhasen sind nachts und frühmorgens aktiv und fressen junge Triebe, Gräser und Knospen.

Die Paarungszeit beginnt Mitte März, sodass der erste von mehreren Würfen nach einer Tragezeit von 36 Tagen im Mai geboren wird. Ein Wurf umfasst ein bis 13 Junge, wobei die Zahl mit fortschreitendem Jahr zunimmt. Die Kleinen werden mit offenen Augen und vollständigem Pelz geboren und können kurz danach umherhoppeln. Von ihrer Mutter werden sie einmal

Der Schneeschuhase erhielt seinen Namen wegen seiner Hinterfüße, die sehr groß sind und an denen er weit ausspreizbare Zehen besitzt, die als »Schneeschuhe« fungieren und verhindern, dass er im Schnee versinkt. Außerdem sind diese großen Hinterfüße auch an den Sohlen behaart; das schützt vor der Kälte und erhöht den Grip.

pro Tag gesäugt, meistens am Abend; danach liegen sie die meiste Zeit still in einer Kuhle, jedenfalls außer Sichtweite von Räubern. Im Alter von etwa vier Wochen sind die Jungtiere bereits selbstständig.

WILDKANINCHEN
(*Oryctolagus cuniculus*)

Der Vorfahre unseres Hauskaninchens lebte ursprünglich nur auf der Iberischen Halbinsel und in Teilen von Frankreich, doch durch Einführung gelangte er auch nach Australien und Südamerika. Wildkaninchen bevorzugen Grasland, in dem es Deckung gibt, daher sieht man sie häufig an

Die Hinterläufe des Kaninchens sind dicht behaart, was den Aufprall dämpft und schnelle Bewegungen ermöglicht. Die langen Zehen sind miteinander verbunden, damit sie beim Hoppeln nicht Auseinanderklaffen.

Waldrändern, Straßenbanketten und Sanddünen. Sie bauen weitläufige unterirdische Tunnelsysteme, in die sie sich bei Gefahr sofort zurückziehen. In einem großen Bau finden mehrere Hundert Kaninchen Unterschlupf. Wildkaninchen sind nachtaktiv und verlassen die Sicherheit des Baus zum Grasen vor allem nachts; wenn sie sich sicher fühlen, manchmal auch tagsüber.

Paarungen finden das ganze Jahr über statt, doch die meisten Würfe gibt es zwischen Februar und August. Ein Wurf kann drei bis zehn Junge umfassen, wobei die Tragezeit 28 bis 34 Tage beträgt. Die Jungen werden nackt, blind und hilflos in ei-

nem speziell von der Mutter angelegten Bau geboren; diese sogenannte Setzröhre hat sie zuvor mit Pflanzen und Büscheln aus ihrem eigenen Bauchfell ausgelegt. Nach etwa einer Woche beginnt das Fell der Jungen zu wachsen, und einige Tage später öffnen sie zuerst ihre Augen, danach ihre Ohren. Die bei der Geburt winzigen Ohrmuscheln wachsen ebenfalls rasch. Nach drei Wochen, in denen sie gesäugt werden, verlassen die Jungen erstmals den Bau. Wenn die Mutter die Setzröhre verlässt, deckt sie den Eingang sorgfältig ab, um ihn vor Räubern zu verbergen. Mit 28 Tagen werden die Jungen entwöhnt.

GLOSSAR

Adultes Tier
Ausgewachsenes, fortpflanzungsfähiges Tier.

Beuteltiere
Säugetierarten, deren Junge in einem sehr frühen Entwicklungsstadium geboren werden und die ihre Entwicklung im Beutel der Mutter fortsetzen, wo sich die Milchdrüsen befinden.

Biberburg
Der Bau eines Bibers.

Brut
Gruppe von Vogelküken, die zur gleichen Zeit schlüpfen oder aufgezogen werden. Auch die Tätigkeit, die Eier warm zu halten (»brüten«).

Dottersack
Ein kleiner Sack mit Dotter, der an der Unterseite von Tieren hängt, typischerweise bei bestimmten Fischarten, und der eine Zeit lang ihre Ernährung sichert.

Einnistung
Jener Zeitpunkt, an dem sich der Embryo mit der mütterlichen Gebärmutterwand verbindet.

Eizahn
Kleiner, scharfer Vorsprung auf dem Schnabel eines Kükens, mit dem es sich den Weg aus dem Ei bahnt. Der Eizahn bildet sich später zurück.

Embryo
Frühes Entwicklungsstadium im Leben eines Tiers, während es sich im Ei oder in der mütterlichen Gebärmutter befindet.

Entwöhnung
Umstellung der Ernährung von der Muttermilch auf Alternativen, meist feste Nahrung.

Erdhöhle
Natürlicher oder gegrabener Unterschlupf, der zum Schlafen oder Gebären und zum Aufziehen von Jungen benützt wird.

Fohlen
Ein Jungtier aus der Pferdefamilie.

Gelege
Die bei einem Brütdurchgang gelegten Eier.

Geschwister
Die Brüder und Schwestern eines Tiers.

Heuler
Begriff für ein Seehund-Junges, das seine Mutter dauerhaft verloren hat.

Kalb
Begriff für das Junge verschiedener Säugetierarten, etwa bei Rindern, Elefanten und Walen.

Kobel
Nest des Eichhörnchens.

Kinderstube
Eine Grupper junger Tiere, auf die vorübergehend ein anderes Mitglied der Gruppe aufpasst.

Kitz
Junges Reh.

Küken
Ein junger oder eben geschlüpfter Vogel.

Inkubationszeit
Zeitraum, den die Entwicklung des befruchteten Eis bis zum Schlüpfen benötigt.

Joey
Ein junges Känguru, Wallaby oder Possum.

Jugendlicher
Ein Tier, das keine Kleinkindmerkmale mehr aufweist, aber noch nicht ganz erwachsen ist.

Jugendmauser
Jene Zeit, in der ein Vogel die ersten Schwingenfedern erhält, mit denen er dann fliegen kann.

Kuhle
Ein rudimentäres Nest, das nur aus einer Vertiefung im Boden besteht; es ist für bestimmte Vogelarten typisch.

Milchdrüsen, Zitzen
Milchproduzierende Drüsen, die die meisten Säugetiere besitzen.

Nest
Ein Ort für die Aufzucht von Nachwuchs. Es kann sich dabei von einfachen Kuhlen bis zu hochkomplexen, eigens zu diesem Zweck errichteten Gebilden handeln.

Nestling
Jungvogel in einem Nest.

Säugen, Stillen
Ernährung mit der Milch, die aus den Zitzen der Mutter stammt.

Schlüpfen
Aus einem Ei ausbrechen.

Territorium
Ein Gebiet, das ein Tier als sein eigenes betrachtet, das es verteidigt und in dem es seine Jungen aufzieht.

Tragezeit
Periode, in der sich ein Tier im Mutterleib entwickelt; Schwangerschaft.

Welpe
Begriff für das Junge verschiedener Säugetierarten, etwa bei Hunden, Füchsen und Wölfen.

Wurf
Nachwuchs, der aus einer einzigen Schwangerschaft geboren wird.

BILDNACHWEIS